台灣史100件大事（上）戰前篇

李筱峰◎著

目　錄

前言

歷史的正面與反面意義

「人類從歷史得到的唯一教訓是，人類沒有從歷史得到教訓。」黑格爾這句話，不是在強調歷史沒有意義，而是在反映人類不懂歷史。

如果人類真的沒有從歷史中得到任何教訓，而像亨利福特所說的「歷史全是連篇廢話」，那也就罷了。因為，連篇廢話的歷史，不起任何教育作用，還不算是太壞的事；萬一是充滿著神話、荒誕、偏見、歪曲、霸道的歷史，而致產生誤導，發揮「反教育」的作用，那就更糟糕了。

英國哲學家羅素(Bertrand Russell)曾經抱怨他所受過的歷史教育說：「我在這方面所受到的教誨，是不成熟的灌輸教育，就像在任何專制政權之下那樣，很少能企望公正而不偏私。每件事必須以輝格黨(Whig)的觀點來看，而且人家僅是半開玩笑地告訴我，歷史(History)意謂著『發出嘶嘶蛇聲的托利黨(Hissl Tory)』(按托利黨是英國的保皇黨，保守黨的前身)。」對於羅素的挖苦，不知道在台灣受過所謂「悠悠五千年歷史文化」薰陶的人們，是否會「心有戚戚焉」？

所以，當我們聽到培根說：「歷史使人智慧」，或者聽到像福斯(Charles Firth)說的：「歷史不但是一門可以為學問而學問的學問，同時歷史更是一種對吾人日常生活極有用處的知識」的時候，也許我們還要反思：歷史能否給我們智慧，端看站在什麼立足點、抱持什麼目的與動機所寫的歷史。希特勒教給納粹德國人民那套「優越偉大的日耳曼人」的史觀，或是墨索里尼所吹噓的「恢復古羅馬帝國光榮」的歷史意識，帶給他們的人民多少智慧？提供什麼「日常生活極有用的知識」？這個歷史課題，總可以給我們一些歷史教訓了吧？

這五十多年來成長在台灣的人民，同樣也受著一套「黨化制式」下的歷史意識的制約。大家都習以為常地接受一些符號，從「三皇」、「五帝」到「國父」、「蔣公」，從「華夏一統」到「剿匪抗戰」，從「炎黃世冑」到「中華民族」…，在那裡面，充斥著「天下一統」的「大一統」史觀、充斥著「漢賊不兩立」的「正統論」、充斥著「大漢沙文主義」與文化霸權、充斥著「偉哉中華」的刻板印象、充斥著「前近代」的大帝國情結…。受這套歷史教育「薰陶」之後的人，他們只知道

「中華的典章齊備、文物昌盛」，卻不知道「賣官鬻爵，公行賄賂」的官場文化與官僚體制；他們只知道「泱泱大國的悠久文化，燦爛輝煌」，卻不知道「中國的奴隸制度、奇刑異罰與『古聖先賢』『垂教萬世』的嘉言，同樣有『悠久』的歷史」(殷海光語)；他們只知道「中華民族是一個愛好和平的民族」，卻不知道歷史上有多少斬刈殺伐的帝業爭霸、血流漂杵的東爭西討、鉤心鬥角的宮庭內鬥，以及腥風血雨的功臣屠殺；他們只知道，不斷對外擴張的中華帝國，真是「武功極盛」、「聲威遠播」，但同樣發揮帝國霸權的俄國，就變成「蠶食鯨吞」、「貪得無饜，狡詐取巧」；他們只知道「炎黃子孫」、「中華兒女」，卻不知道「有唐山公，無唐山媽」；他們只知道有「美哉中華」，卻不知道「美麗島台灣」；他們只知道岳飛、文天祥，卻不知道蔣渭水、謝雪紅；他們只知道南京大屠殺，卻不知道二二八事件；他們只知道五四運動，但不知道有台灣文化協會....。

總之，長期以來，台灣人民所接受的歷史教育，是立足於以下的史觀：1.以漢族為中心的「中華民族」迷思；2.以「大一統論」和「正統論」為基礎，灌輸大國情結；3.「中國中心──台灣邊陲」的觀點。

因此，大中國的歷史不斷渲染與美化；台灣的歷史，則受到扭曲或隱諱。結果，許多生長在台灣的人，受了很長時間的歷史教育，可是對自己所生長的台灣的歷史與身世，茫然無所知。

台灣歷史的立足點與出發點

有一次，已故的德國漢學家馬漢茂教授和我談起台灣學生的台灣意識問題。馬漢茂教授說，他曾在德國對來自台灣的留學生演講時，發現大部分台灣學生都不知道楊逵和吳濁流是誰，他為此感到非常驚訝。他們從台灣來，但不知台灣事。當世界各國的學生可以談他們自己社會的歷史時，台灣的學生，只能談長江、黃河、長城....。誠然，台灣的學生對自己台灣歷史的無知，似乎已到了創世界奇蹟的地步。

隨著九○年代台灣的民主化與本土化，過去備受忽視與冷落的台灣史，逐漸開始受到注意。於是，有人開始提倡「鄉土史」，以做為補救。國中課程也增加了「認識台灣」的科目。開始重視台灣歷史當然是一大進步，可惜，這種「鄉土史」教育，並不能根本解決或補救今天台灣歷史教育的癥結，因為將「台灣史」視為中國的「鄉土史」，依然跳不出「中國中心──台灣邊陲」的史觀，依然沒有立足於台灣的主體地位來看歷史。所以，要「認識台灣」之前，先要問，認識「誰的台灣」？是「中華人民共和國的一省」的台灣呢？還是虛無縹緲不存在的大中國的一部分的台灣呢？抑或是兩千多萬住民，不論先來後到，大家休戚與共、同命相連，所賴以生根立命的台灣？

過去中國國民黨極端輕忽台灣史地的教學與研究，而對岸的中華人民共和國早就成立了數個「台灣研究所」，顯然他們比國民黨還重視對台灣史的研究。但是這些台研所的研究立場，完全是由北京政權的大中國立場出發，因此，其研究除了發揮

對台統戰作用之外，對台灣又有何正面意義？可見僅止於重視台灣史是不夠的，還得看站在什麼立足點與出發點上。

　　把台灣史當做中國史的一部分來看是相當有問題的。因為，台灣史與中國史的性質相當不同，發展的軌跡也不一樣，兩者之間不是「上下」或「涵蓋」的關係，而是「平行」的關係。打個比方說，河北的歷史、四川的歷史，可以看成中國的地方史、鄉土史，但台灣史不同，台灣史無法納入中國史來觀察，反倒是可以納入世界史來觀察。在三、四千年的中國史裡，台灣與中國合併的時間甚短(1684到1895之間的清據時期，及1945年10月到1949年底的國民政府統治時期)，即使被併入中國的時期，台灣的內部發展，也與中國本部相當歧異。如果從整個台灣史的主體立場來看，台灣大部分的時間都不屬於中國，台灣近代的開發，也與世界歷史進入海洋時代同步而行，而不是中國史的一部分。

　　以往將台灣史放在中國史之下來看待的其中一個考慮，是認為台灣同樣屬於華人社會。其實，「種族」不必然是考慮一個空間內的歷史的唯一因素。構成美國或北美洲住民主體的盎格魯薩克遜族，其祖先大部分來自英國，但美國史或北美洲史絕對不是英國史的一部分。新加坡國民有75%是華人，其祖先來自中國閩粵，但新加坡史也絕對不是中國史的一部分。台灣史亦然。

　　過去的歷史教育，是把台灣擺在大中國的邊陲來看，因此不僅造成台灣學生對台灣的陌生，更使台灣學生的國家認同，發生嚴重的錯亂與模糊。此種結果，歷史

教育難辭其咎。要解決以往歷史教育的弊病，忽略了以台灣為主體的國家定位，而把台灣史看成是中國的鄉土史是不對的。想跳開國家定位問題純粹談鄉土史，是不能根本解決問題的。

建立台灣史的主體性與史觀

　　台灣過去的大部分歷史，都沒有建構國家的經驗，近三、四百年來，大部分的時間都在外來政權的統治下，直到1996年透過普選產生民選總統，勉強有了自己的政府，但是憲政體制、價值取向，還是以台灣之外的大中國來考慮，無法完全建立自己的主體性。台灣既已明確認識到台海兩岸是「特殊的兩國關係」的現實，台灣既然不是中華人民共和國的一省，而是一個主權獨立的國家，那麼，我們的歷史教育的方向，也勢必依這個現實與理想而有所調整才對。

　　基於上述的體認，我藉著跨越千禧年之際，整理這本《台灣史100件大事》。這本書是為所有台灣人寫的。它以當前台灣的時空為立足點，以台灣為主體，以台灣為一個單位，從台灣歷史上選出100件大事，加以串聯。希望透過這100個事件，可以了解台灣近三、四百年來的各種變貌，看到台灣人的辛酸血淚、台灣人的奮進掙扎，更希望能發現台灣歷史的特殊性格，反省到台灣人的失敗與缺失。而這些努力，無非是希望透過歷史，能為現實的台灣尋找光明的出路。

　　我認為一個歷史學者治史的終極關懷，並不在歷史本身，而是在所處的現實環境及其將來。通俗一點說，「往後看」

的主要目的，是爲了要「往前看」。而這一前一後的立足點，則是現在。誠如義大利史家克羅齊(B. Croce)所說的：「一切歷史都是『當代史』(Contemporary History)」「在每一個歷史判斷後面的實際需要，給一切歷史加上了『當代史』的性格，因爲所述事件時間上不論其多麼遙遠，實際上它卻牽涉到眼前的需要和情況，在這裡那些事件也就有生命地跳動。」克氏的論點雖曾引起爭議，但我們至少可以確認歷史與現實結合的意義。所以克羅齊更一語道破，「只有對於現代生活之興味，方能使人研究過去之事實。」英國史家卡爾(Edward H. Carr)也表示「歷史的兩重及交互的任務—藉著現在來了解過去，藉著過去來了解現在。」英國哲學家兼史學家柯林伍德(Collingwood)也說：「歷史哲學所關心的，既非『過去本身』，也非『歷史家對過去本身的觀念』，而是兩者之間的相互關係。」「只有透過『現在』的眼睛，我們才能觀察過去，了解過去。」

職是之故，本書是立足於「現在」，是用現在眼光，依照現在問題，來觀察過去。而這個「現在」，是「台灣的現在」，不是「中華人民共和國的現在」。希望透過本書，讓「台灣的現在」與「台灣的歷史」不斷對話。舉例來說，鄭經於17世紀60年代中期在台灣「別立乾坤」，建國東寧，如果他們能在台灣善自發展，好自爲之，必可開創新局，績業永立。可惜他輕率發動反攻大陸戰爭，卻慘敗而回，致使東寧王國從此被「套牢」，終致敗亡。鄭經的這段經驗，很難不教我聯想起蔣介石退守台灣的處境，而將之加以比較。又例如，從過

去平埔族語言消失的過程中，我們發現，上過「社學」讀書的原住民孩童，帶動父母放棄自己的母語，與今天受過中國國民黨制式教育的青少年回家帶動父母放棄自己的母語，竟然有著相似的模式。撫今追昔，前後對照，真可教人通古今之變與不變。

再者，所謂「年鑑學派」(Annals School)的史家們重視歷史學與社會人文科學的結合，不強調獨特的重大事件在歷史中的意義，而強調從更長時期、更廣闊空間的宏觀視野來探討歷史。本書固然是以事件爲中心，但不是一個單一獨特的事件，而是由100個事件串組起來的歷史。立足於現在時空去「往後看」，便不可能只拘泥於一個特定的歷史時段，也不可能只投注於某個特定的歷史事件。我希望在處理每一個事件的課題，皆可從其背景或原因開始追溯，再及於事件本身，而至於後續、結果、影響，甚至引申到現在的課題。

100件大事的選擇標準

在選定這100個事件之前，確實讓我煞費苦心，舉棋不定，躊躇良久。可能有人要問我，我的所謂「大事」的標準是什麼？在第100個事件和第101個事件之間是如何取捨的？甚至有人可能會以實際的事例直接質問我，爲何某某事件沒有列進去？

我確實很擔心回答以上的問題，因爲這牽涉到主觀的「歷史解釋」(Historical Interpretation)，然而這些問題勢必要面對。首先，「重量級大事」應該沒有爭

議，例如荷蘭佔領台灣，鄭成功攻佔台灣、國民政府退入台灣，或是促進台灣國際貿易暢旺的〈台灣開港〉，或是造成傷亡慘重、影響民心甚鉅的〈二二八事件〉等等，都是無可否認的大事，易言之，造成結構性變化、產生重大影響的事情，絕對是大事，無庸置疑。不過，或許有人問我，1954年底美國與台灣的「共同防禦條約」難道沒有重要影響嗎？為何沒有單獨列入100大事？答曰：台美的共同防禦條約，是韓戰之後「台灣地位未定論」提出以來，台、美、中三角關係演變的產物，也成為後來八二三炮戰的背景，因此，此事雖沒有單獨列一事件來談，但已列入〈八二三炮戰〉乙節敘述。類似這種情形尚有許多。

再者，有些事情不見得有立即的影響與作用，但也列錄其中，例如「彭明敏師生發表〈台灣人民自救宣言〉」乙事，該宣言根本未及發出，彭氏師生即遭逮捕，人員被捕固然造成人心震撼，但因當時新聞受管制，知道此事的人並不多，至於〈宣言〉根本沒有發出去，則更不可能產生影響。為何此事也被我列入100大事之中？我的回答是，這是蔣氏政權「白色恐怖」政治案件的一個抽樣，也反應了蔣氏外來政權的法西斯本質與外交政策的僵化，透過這個事件也可以感受台灣國際處境將面臨困難，彭氏「憂於未形，恐於未熾」，洞矚先機提出正論危言，雖遭迫害，未竟其志，卻具有歷史教育的意義，因此值得列入100大事。或許有人另外會問我，「鄉土文學論戰」比「金廣福」在新竹東南山區的開發重要嗎？為何前者有列入，而後者

沒有呢？我的回答是，本書固然以政治史為主軸，但是對於其他的領域，如文學史、經濟史、社會史、教育史等方面，也希望多少能顧及到，而不偏廢，因此，就各領域中，只好各自較量。「鄉土文學論戰」屬文學史大事，不能拿來和屬於拓殖史範疇的金廣福開發竹東山區之事相提並論。而在拓殖史方面，因為已經以〈陳賴章」墾號開墾台北〉為取樣代表，篇幅及100事件所限，金廣福只好割愛，而非金廣福不重要也。

以上，以實例說明本書取捨100大事的標準，以及寫作的途徑。另外，還需要補充說明的是，本書中可能引起爭議的幾個用詞。一是，「漢人」、「漢族」或「漢語族」。俗稱的「漢人」，其實在語意上相當含混，蓋純粹以血緣為意涵的「漢人」幾乎無人能確定，「漢人」的認定，其實文化意涵多於血統的意涵，所以照理說，以「漢語族」來表達方為合理。但因考慮大家已經習以為常，所以本書中「漢人」及「漢語族」交互使用，其指謂則一。再者，有關「荷據時代」或「荷治時代」，「日治時代」或「日據時代」的用語。雖然荷蘭入台，是明帝國政府的條約認可，日本領有台灣是馬關條約的認可，因此，有許多人以「荷治時代」「日治時代」較「荷據時代」「日據時代」合理，這種用語曾經引起台灣內部抱持強烈反日情緒的中華民族主義者的反彈。本人以為，本書既然立足於台灣的主體立場寫作，則任何政權未經台灣住民同意，不論以何種途徑入台統治，皆可以「佔據」視之。因此，本書採用「日據時代」等用詞，一來既不違背本書原

始立場，二來也不讓反日狂熱份子有扣我「日本皇民」帽子的口實。

美麗之島

最後，容我再次強調地球上的一個景觀——在地球上最大的陸地和最大的海洋交會的中心位置，有一個島國。她曾經以「福爾摩沙」(FORMOSA，美麗島)聞名全世界。這個「婆娑之洋」中的「美麗之島」，以前也曾經被稱爲「流求」「北港」「笨港」「東番」「雞籠山」「大灣」「大員」「台員」…不一而足。而今，全世界幾乎都叫她「台灣」。

現在，就讓我們以近三、四百年爲斷限，來看看台灣史上(台灣的歷史時期)發生過的一百件大事。

1 荷蘭人佔領台灣

1624年，荷蘭「東印度公司」的商船兼戰艦，進入今天台南安平，在南台灣建立起殖民政府，開始荷蘭人在台灣為期38年的殖民統治。

為什麼遠在歐洲的荷蘭，會與遠東太平洋西岸的台灣發生關係？要解答這個問題，必須從世界史的背景來了解。

隨著十五、十六世紀的所謂「地理大發現」及新航路的開闢，人類世界的歷史從過去的陸權時代逐漸進入海權時代。原為歐洲大陸邊陲的大西洋沿岸國家，因為發展航海事業，而逐漸躍居世界的中心。這些新興的海權國家，在「重商主義」的驅力下，紛紛往亞洲、美洲拓展他們的勢力。

葡萄牙人捷足先登，先於1505年在印度的Goa設總督府，到了十六世紀中葉，其勢力進入明帝國的澳門，在當地取得了根據地，做起生意來；正當葡萄牙人向東發展時，西班牙人也分頭向美洲及亞洲進展，西班牙人在美洲獲得廣大的殖民地後，帶著大量的白銀，橫渡太平洋向東亞進軍，於1565年佔有菲律賓的呂宋，繼而以馬尼拉為中心，建立殖民政府，以便在遠東發展商務；原稱「尼德蘭」的荷蘭，本隸屬於西班牙，自1600年從西班牙的管轄下獨立出來之後，立刻躍入海權爭霸的行列，於1602年成立官商合營的「東印度公司」，對外發展。荷蘭東印度公司除了於

1609年在日本平戶設有商館之外，於1619年，在擊敗英國重占巴達維亞（今印尼雅加達）之後，在當地建造城堡要塞，駐紮軍隊。從此，巴達維亞成為荷蘭人在遠東的大本營。

荷蘭東印度公司人除了對日本貿易之外，更冀望能打通對明帝國的貿易。然而，以澳門為根據地的葡萄牙人，顯然佔盡對明帝國貿易的地利之便，因此當荷蘭人試圖向明帝國發展商務時，立即受到葡萄牙人的掣肘，荷蘭人與葡萄牙人為了爭奪澳門據點，曾發生過數次衝突，荷蘭人不得其門而入，只好退而求其次，轉攻台灣海峽上的澎湖，以做為對明帝國通商的據點。

1604年8月，荷蘭人第一次佔領澎湖，透過華商李錦等人，冀圖能與明帝國官方取得通商管道，但此時的澎湖，已是明帝國的正式領土（按澎湖在12、13世紀，約中國南宋時期，已有大量漢人移民至此，或從事農耕，或從事捕魚。14世紀中，元朝政府已在澎湖設有巡檢司，向居民課稅。明朝朱元璋皇帝曾一度裁撤澎湖巡檢司，下令把澎湖各島居民遷回中國大陸，此一所謂「墟澎」措施，用意本在防範海

寇，但結果反使澎湖成爲海盜的巢穴。明帝國政府乃恢復澎湖巡檢司，駐軍其上。）荷蘭人進入澎湖的三個月後，明帝國政府當局終於有了反應，派令駐守浯江（金門）的沈有容，以及總兵施德政負責驅逐荷蘭。11月18日沈有容抵達澎湖，進行交涉。沈有容向荷將韋麻郎表明明帝國政府不允許荷蘭人在澎湖通商的決心，並透露福建當局擬派兵進剿的信息。韋麻郎終於知難而退，於12月15日，率軍退出澎湖，總計此次荷蘭人駐留澎湖共131天。沈有容退荷有功，明朝政府特立碑獎勵，碑文上寫著「沈有容諭退紅毛番韋麻郎等」，碑文

中的「諭退」字眼，充分顯示中華帝國高高在上的老大心態，而「紅毛番」的稱呼，也顯示大漢沙文主義的民族優越感。這塊碑，目前放置在澎湖馬公天后宮。

十七世紀初，明帝國的生絲在歐洲市場非常搶手，獲利至鉅，在日本市場也是貿易商品的大宗。因此荷蘭不僅渴望打開明帝國貿易，也急需尋找可以做爲對中、日貿易的中轉站。澎湖固然是他們理想的中轉站，不過由於台灣的大員（又稱「台窩灣」「台員」，即今台南安平）是一些明帝國商船走私貿易的中繼點，已日漸繁榮，因此也是荷蘭人列入考慮的對象。

由荷蘭畫家所繪的1622年荷蘭人攻打澎湖想像圖

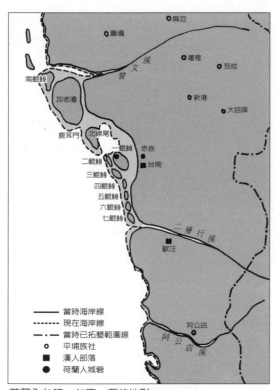

荷蘭入台時，台南一帶的地形。

1613年荷蘭東印度公司駐日本平戶商館的館長就曾經建議攻取台灣，以利對明帝國及日本貿易的轉口，1620年荷蘭本土的東印度公司總部也訓令其駐巴達維亞的總督，要求務必佔領台灣。四年後，他們終於進入台灣。不過，荷蘭佔領台灣，顯然是在佔領澎湖不成之後，退而求其次的選擇。

1620年，荷蘭與英國在遠東組成聯合艦隊，屯駐於爪哇的巴達維亞和日本的平戶兩地，這支艦隊經常巡弋在台灣海峽截捕葡萄牙、西班牙船隻，阻擾明帝國商船到澳門和馬尼拉貿易。1621年西班牙駐馬尼拉總督計畫派出軍隊攻佔台灣，以做為對付荷、英聯合艦隊的據點。荷蘭駐巴達

維亞當局得知此一計畫，決定先下手為強，計畫搶先攻擊澳門，如果失敗，就轉攻澎湖或台灣。1622年6月荷艦攻擊澳門，遭葡萄牙人強烈抵抗，荷人慘敗，終於轉攻澎湖。1622年7月，荷蘭以十幾艘軍艦入侵澎湖，在馬宮（今馬公）附近的紅木埕登陸，二度佔領澎湖，在澎湖築城寨、建砲台。明帝國當局再度要求荷蘭撤離澎湖，荷蘭則提出通商要求，不果，雙方即採取敵對姿態相互對峙，荷蘭並且分兵向廈門沿海襲擊、騷擾，或派出代表到廈門繼續要求派使通商。

在與明帝國官方交涉當中，明帝國官方曾建議荷蘭不妨到台灣去，並表示會派遣商船前往台灣大員貿易。荷蘭遂於1623

荷蘭人由鹿耳門（上）入台江，可進入安平（下），如今台江已成為陸地。攝於日據時代。

荷蘭人在台江岸邊建造普羅明遮城，鄭成功時代以此城為承天府，後清廷於十九世紀中葉再將之擴建為中國式建築，即今日赤崁樓的前身。攝於日據時期。

年10月派船隻先到大員觀察，並在大員著手進行要塞工事，但仍未退出澎湖，明政府只好以武力解決。1624年8月，一萬多名的明朝部隊終於出發，準備驅逐荷蘭，雙

方交戰。荷蘭部隊為數不過八百人，自知無法久撐，乃與明軍主將俞咨皋交涉，由一位來往於日本、福建、台灣之間的華商（從某種觀點看，亦可視之為海盜）李旦從中斡旋，最後雙方訂下和約，達成三項協議：1.荷蘭退出澎湖；2.荷人退出澎湖後可佔領台灣，明政府沒有異議；3.准許荷蘭人今後在明帝國通商，明帝國商船也可以往台灣及爪哇與荷蘭人交易。

有了這些協議後，荷蘭船艦終於離開澎湖，轉向台灣海峽東面前進，從台灣西南岸的鹿耳門進入台江，首先佔領一鯤鯓（即今天的台南安平）。當時的一鯤鯓還是一個島，從一鯤鯓到台灣本島之間，有羅列的七個小島，合稱七鯤鯓。七鯤鯓與陸

熱遮蘭城即今安平古堡前身。此圖攝於日據時期。

長崎圖書館所藏荷蘭的古安平圖，圖中央的城堡為熱蘭遮城（安平古堡前身）。

地之間所形成的海域，稱爲台江。荷蘭人首先在一鯤鯓建築城堡，初名奧倫治城，後來改以荷蘭的一州，命名叫熱蘭遮城（Zeelandia），即今安平古堡前身，荷蘭總督駐紮於此。另外，荷蘭人從平埔族（西拉雅族）手中取得在台江對岸的赤崁，建倉庫、宿舍，並逐漸發展出一個商業市街，荷蘭人並在該地建立攝政城，名叫普羅明遮城（Provintia），即今赤崁樓的前身。荷蘭人在南台灣的一切政經措施，就是以這兩個據點爲中心發展開來的，是台灣史上首次出現的政府型態的統治組織。

【基本參考資料】
◆曹永和，《台灣早期歷史研究》，台北，聯經出版公司，1979。
◆楊彥杰，《荷據時代台灣史》，中國南昌，江西人民出版社，1992。
◆戴天昭著，李明峻譯，《台灣國際政治史》，台北，前衛出版社，1996。
◆馬銳籌，《台灣史》，1949。
◆彭明敏、黃昭堂合著，蔡秋雄譯，《台灣在國際法上的地位》，台北，玉山社，1995。

2 西班牙殖民北台灣

1626年，西班牙人佔領台灣北部，開始其在北台灣的十六年殖民統治。

十六世紀末以來，不僅荷蘭人覬覦台灣，當時在遠東海面上進行商業競爭的西方國家各勢力，幾乎都看上台灣。台灣的位置，正處於葡萄牙船航向日本及南洋、明帝國的船航向菲律賓、日本船航向南方、荷蘭船及西班牙船通往日本及明帝國等等諸條航線的中繼點，因此16世紀末以後，台灣成為國際競逐的對象乃勢所必然。尤其在西班牙與荷蘭於遠東的貿易競爭中台灣正是他們爭奪的重要戰略要地。

由於航行於馬尼拉與明帝國之間的西班牙商船，屢次遭荷蘭船隻襲擊截捕，西班牙駐馬尼拉總督乃於1596到1597年之間，先後三次上書西班牙國王，建議佔領台灣，以維護馬尼拉和明帝國之間交通之路。1598年，攻台計劃果然付諸行動，駐馬尼拉的西班牙總督，派出軍艦2艘，士兵兩百餘人，出航馳往台灣，卻因中途遇上颱風而折返。不過西班牙人一直沒有放棄進佔台灣的計劃，當他們發現他們的競爭對手荷蘭，竟然在遠東已與英國組成聯合艦隊，西班牙駐馬尼拉總督遂於1621年計畫派出軍隊攻佔台灣，以作為對付荷、英聯合艦隊的據點。此一計劃反而促使荷蘭人先下手為強，荷蘭人搶先攻擊澳門不

成，轉攻澎湖，最後經與明帝國議和，而於1624年進入南台灣（詳見本書第1節〈荷蘭人佔領台灣〉）。

西班牙人1621年的攻台計劃沒有完成，卻讓荷蘭人於1624年捷足先登進入南台灣。西班牙不甘示弱，遂於1626年再度舉兵攻台。該年5月8日，駐菲律賓的西班牙總督派出西班牙遠征軍抵達三貂角外海，於12日從雞籠（今基隆）北邊的社寮島（今和平島）登陸，在雞籠築城，名叫「聖薩爾瓦多城」。

1628年以後，西班牙的勢力發展到淡水，在那裡建了一座「聖多明各城」（即今

西班牙人在基隆社寮島(今和平島)登陸，並於此地建有聖薩爾瓦多城。

淡水紅毛城的前身）。西班牙人佔有淡水後，其勢力一方面迂迴於北海岸，安撫馬璘坑（今七堵）、金包里（今金山）等平埔族部落，一方面溯淡水河而上，征服八里坌社（今八里鄉）、北投社、里族社（今松山）、大浪泵社（今台北大龍峒）等部落，勢力發展到台北盆地。1634年，又試圖將勢力發展到噶瑪蘭（今宜蘭），但因為噶瑪蘭人的強悍，使西班牙人不能完全掌控蘭陽平原。不過，西班牙人倒是在台灣東北角留下一個西班牙式的地名，叫做Sandiago，此音經過輾轉相傳，變成「三貂角」（以福佬音讀較接近）。

西班牙人占領北台灣的目的有二：一、可以阻截荷蘭人的商業通道，吸引華人和日本人前去貿易；二、試圖以台灣為據點，向明帝國及日本傳教（天主教），以便擴大其勢力範圍。所以佔據北台灣的西班牙人，勢必與佔據南台灣的荷蘭人發生衝突。

就這樣，台灣自1620年代中期起，被這兩個西方國家佔領，一南一北，展開殖民地競爭，歷時16年。16年間，雙方衝突迭起，馬尼拉的西班牙當局曾派軍艦攻擊

西班牙人在淡水建聖多明各城，輾轉幾手，成為今天淡水的紅毛城。攝於日據時代。

荷蘭人的據點大員（今安平），北台灣的西班牙人軍艦，也數次南下攻擊荷蘭人，都沒有成功；而荷蘭人也屢次揮軍北上，試圖驅逐西班牙人。起初，由於荷蘭人正捲入明帝國沿海的戰亂中，而且與日本的關係曾一度惡化（見本書第5節〈濱田彌兵衛事件〉），所以沒有餘力對付北部的西班牙人。不過，後來西班牙卻逐漸趨於劣勢。

在當時來說，西班牙佔領的北台灣不是經濟的精華地帶，精華地帶—盛產米糖的嘉南平原—是在荷蘭人掌握之下，西班牙在北台灣的發展顯然不能與南部的荷蘭人同日而語，加上明帝國戰亂，來到雞籠與西班牙人貿易的商船不多，而日本又於1633年起採鎖國政策，厲行禁教，使得西班牙人原先向日本傳教的目的受挫，通商也不順暢。而北台灣的惡劣氣候，又讓許多西班牙移民難以適應，許多人因此返回馬尼拉。另外，北台灣的原住民不斷反抗，動搖了西班牙的殖民統治，再加以菲律賓南部民達那峨的回教居民經常反抗西班牙人的殖民統治，終使馬尼拉的西班牙總督決定改變在台灣的經營，縮小台灣的駐軍。1635年以後，駐在台灣的西班牙軍隊抽走四分之三的兵力返回菲律賓，僅留守部分軍隊於雞籠一隅，連淡水的聖多明各城也廢棄。反觀南台灣的荷蘭人則處境日佳，1633年之後，與日本的關係也恢復正常，佔地利之便，荷蘭人獨攬大員的商業利益。終於1642年，荷蘭人再度揮軍北上，將西班牙勢力逐出台灣。

總計西班牙人在北台灣殖民統治達十六年，他們在北部開採硫磺輸出，也輸出鹿皮。經商之外，致力於傳播天主教。

1631年，他們曾經在淡水建立玫瑰聖母堂。到西班牙人退出台灣為止，受洗的原住民達四千多人。傳教士Jatint Esquival還編著有《淡水語基督教理》及《淡水語辭典》。

【基本參考資料】

◆曹永和，《台灣早期歷史研究》，台北，聯經出版公司，1979。
◆楊彥杰，《荷據時代台灣史》，中國南昌，江西人民出版社，1992。
◆戴天昭著，李明峻譯，《台灣國際政治史》，台北，前衛出版社，1996。

3 台灣開始轉口貿易

荷蘭人帶著一本生意經進入台灣，台灣自17世紀二〇年代末期起，國際貿易開始暢旺起來，而且已經開始轉口貿易了。

荷蘭在台灣的殖民統治，是透過「聯合東印度公司」在運作。這個官商合辦的東印度公司，由荷蘭國會授權，可以直接對商務地區的主權者（君主及國家）簽約、駐軍、築堡、鑄幣及任命地方長官與法官，荷蘭政府並提供其武力，可說是一個官民合營的武裝貿易公司。總公司設在荷蘭的阿姆斯特丹，爪哇的巴達維亞（今雅加達）則是荷蘭東印度公司在遠東的總支部，台灣則是巴達維亞總支部統轄下的一個據點。東印度公司在今台南設有長官，負責商務和行政，台南的官吏們，一切聽命於巴達維亞當局的指揮。荷蘭在台灣前後38年，經歷12任的長官（或說總督）。從政治上看，這些長官固然是行政首長，但從商業的觀點看，則是東印度公司在台的商務代表。

荷蘭人來台灣最主要的目的，當然就是東印度公司成立的目的—商業。當時荷蘭人佔領的主要地區，是台灣西南部的嘉南平原，這個地方盛產梅花鹿，鹿皮是荷蘭人絕不鬆手的商品（詳見本書第4節〈荷蘭人大量輸出鹿皮〉）。此外，嘉南平原上有兩項經濟作物，一為稻米，一為甘蔗，因此米和砂糖是除了鹿皮之外的兩項輸出

大宗。1636年左右起，台灣的砂糖年年輸往日本，1658年台灣的砂糖產量達17,000石，不僅滿足日本的市場，還進一步銷往波斯（今伊朗一帶），運往巴達維亞以及荷蘭本國。

荷蘭聯合東印度公司在亞洲各地設有許多商館，除台灣之外，其他地方主要還有巴達維亞、日本、暹邏、柬埔寨、錫蘭、萬丹、波斯……等，這些商館相互連結成一個龐大的商業網路，而台灣商館在這個商業網路中，剛好位於居中的位置，自然扮演起中途轉口的角色。當時由台灣輸至明帝國的主要商品，有米、糖、鹿肉、籐。由明帝國拿回來的，有生絲、犀牛角、藥材，這些東西又轉口到日本販賣；另外還有綢緞、陶瓷、黃金，則運回巴達維亞或荷蘭本國。從台灣販運日本的，以糖為最，其次為鹿皮、牛角及牡牛皮等。從巴達維亞輸入台灣的貨物，則為香料、胡椒、琥珀、錫、鉛、麻布、木棉及鴉片等，這些東西絕大部分再轉銷到明帝國去。

從以上貨物進出的內容，可以看出台灣的確扮演轉口貿易站的重要角色。據荷蘭東印度公司的統計，他們在台灣所獲得

的利潤，在亞洲各地的商館中僅次於日本（日本商館的利潤，佔其總利潤的38.8%，台灣商館佔25.6%），但是日本商館的利潤幾乎全靠台灣轉運的台灣和中國產品，可見台灣對當時荷蘭東印度公司的重要了。無怪乎，有一位荷蘭駐台總督說過：「台灣真是我們公司的一頭好乳牛」。

在貿易的內容中，中國的貨品極為重要。台灣靠近中國（明帝國），有助於東印度公司取得中國大陸運來的商品。荷蘭人剛佔據大員（今台南安平）時，主要是透過一些華商如李旦、許心素等人進行貿易。像李旦這類被俗稱為「海盜」的私人

海商集團，掌握海權，與明帝國的地方政府相勾結，可以供應許多商品。後來鄭芝龍（鄭一官）勢力崛起，荷蘭人又與鄭芝龍簽訂貿易協定，鄭芝龍海商集團更成為提供台灣的荷蘭人商品的重要後盾。荷蘭人在台灣的轉口貿易，主要就是依靠這些中國沿海的私人海商集團提供大宗出口貨物。

諷刺的是，這群中國沿海的私人海商集團，正是俗稱的「海盜」，他們的許多商業行為，往往不在官方的法定範圍之內。明帝國施行海禁，使得這個原本充滿大陸文化性格的封建古國，不能主控海上貿

Naue di Mercatantia Olandese che uá all Indie Orientali

左上方文字意即「一艘開往東印度群島的荷蘭商船」，此圖由耶穌會教士所繪。

熱蘭遮城前來往的商船，荷蘭人繪。

易，原本可以主動出擊，掌握商機，卻落得由一群「海盜」扮演起國際貿易的角色。中華帝國爲何會在近代史上萎蹶不振，與他們閉關固守大陸文化的性格不無關係。反之，此時的台灣，已經出現以出口爲導向的商品經濟雛型，與中華帝國只知自給自足的封建小農經濟截然不同。台灣史學者黃富三就曾指出：「台灣一進入歷史時期即躍入以貿易爲導向的海洋文明體系。…由荷人充當『首動者』（Prime mover）角色，貿易竟成日後台灣歷史與社會發展的持續性特色，而有別於自足導向的中國封建農業經濟。」

由此可見，台灣是個充滿海洋文化生機的所在，只可惜當時這個已經躍入近代海洋文明體系的台灣，是在荷蘭的殖民統治之下，荷蘭人在台灣的盈餘，以及大部分稅收，都解送荷蘭東印度公司總公司，分配給股東，而不是取諸台灣，用諸台灣。台灣的原住民族和漢人，並不能完全分享海洋文化帶來的這份成果。這就是殖民地的悲哀！

【基本參考資料】

◆周憲文，《台灣經濟史》，台北，台灣開明書局，1980。

◆中村孝志著，吳密察、翁佳音編，《荷蘭時代台灣史研究》，台北，稻香出版社，1997。

◆曹永和，《台灣早期歷史研究》，台北，聯經出版公司，1979。

◆楊彥杰，《荷據時代台灣史》，中國南昌，江西人民出版社，1992。

◆黃富三，〈「台灣問題」的歷史淵源〉，1988年12月29日，廿一世紀基金會主辦「公共政策研討會」論文。

◆馬銳籌，《台灣史》（1949）

4 荷蘭人在台大量輸出鹿皮

17世紀三○年代，荷蘭人在台灣如火如荼地輸出大量鹿皮，造成對鹿隻資源與生態的破壞

16、17世紀全世界產梅花鹿最多的地方，是在台灣。當時嘉南平原以及台灣南北的各丘陵山區，千百為群的鹿隻，棲息其間。1623年，荷蘭人佔據台灣的前一年，曾派人到大員（今台南安平）一帶進行調查，一上岸就發現成群結隊的鹿群。他們在文獻上有這樣的記載：「光是在我們從大員海邊橫渡上岸的那一塊陸地上，就有很多鹿從我們面前跳躍而過，還有野豬，其數目之多，我們認為鮮有國家可與比擬。（見《蕭壠城記》）」在荷蘭人還未進入台灣之前，台灣的平埔族原住民就擅長捕鹿，製作鹿皮。16世紀中葉以後，正值日本戰國時代末期，日本武士喜歡拿鹿皮製作戰袍披肩的「陣羽織」，因此鹿皮成為重要軍需品。許多日本商人及明帝國商人紛紛跑來台灣，向平埔族原住民採購鹿皮輸往日本，鹿皮成為平埔族原住民的一項重要收入。

荷蘭人來到台灣以後，馬上看上台灣的鹿皮資源，於是透過行政命令的手段，荷蘭殖民者強迫原住民繳納鹿皮，作為納貢；或徵收狩獵稅，以鹿皮抵繳；或透過原有漢族商人（社商）的管道，讓他們到原住民村社貿易，收集鹿皮再賣給荷蘭東印度公司當局；或者採「以物易物」的方式，荷蘭當局直接向原住民購買鹿皮。

荷蘭殖民當局為了增加鹿皮的貨源，並允許漢人（三○年代以後，陸續有漢人移民入台）捕鹿，並採強硬措施，不許原住民妨礙。荷蘭人為壟斷鹿皮資源，對漢人捕來的鹿皮，採取強行收購的辦法，在

台番圖說中捕鹿的情景。

其控制的範圍內，鹿皮必須全由荷蘭東印度公司收購。而對於其他有可能使鹿皮外流的管道，荷蘭人則嚴格予以控制。

荷蘭人將收集到的鹿皮，悉數運往日本銷售。鹿皮的輸出量，到了17世紀三○年代中期進入高潮。據統計，1634年荷蘭人從台灣輸出111,840張的鹿皮，1638年更高達151,400張，一年之間輸出十幾萬張鹿皮，意味著一年之間有十幾萬頭的鹿隻遭捕殺。荷蘭東印度公司在台灣輸出大量鹿皮的結果，使得台灣的鹿隻生態開始受到破壞。1640年以後，台灣鹿的數量急劇下降。荷蘭巴達維亞當局的日記上，也記載到鹿隻在減少的現象，並提出警訊：「二十年來，每年捕獲五萬、七萬以至十萬頭鹿，所以鹿明顯減少，僅在少數空地內有生存。」「如果兩年內進行狩獵，第三年不停止的話，就會全部絕滅。」荷蘭人警覺到鹿隻數量正在遽減的情形，因此從1645年以後，規定每隔兩年必須停止捕獵一年。到了1652年禁獵略有成效，鹿群數量有了恢復，所以到了1655年，又有輸出103,660張的記錄。但往後仍不斷輸出鹿皮，鹿隻數量越來越少。

荷蘭人走後，鄭氏政權仍繼續輸出鹿皮。到了清代，漢人不斷入墾，很多鹿場被田園取代，鹿場流失，不僅原住民失去土地，失去一項重要財源，鹿隻的生態環境也已嚴重破壞，不再回復。今天的台灣子弟，多少人能想像，16、17世紀的台灣島上，曾經冠居世界的梅花鹿成群結隊的蔚然景觀？

【基本參考資料】
◆楊彥杰，《荷據時代台灣史》，中國南昌，江西人民出版社，1992。
◆周憲文，《台灣經濟史》，台北，台灣開明書局，1980。
◆中村孝志著，吳密察、翁佳音編，《荷蘭時代台灣史研究》，台北，稻香出版社，1997。
◆馬銳籌，《台灣史》，1949。

5 濱田彌兵衛事件

1626年，在台灣的荷蘭東印度公司與日本商船發生貿易糾紛，爆發濱田彌兵衛事件。

在荷蘭人尚未正式在台灣建立殖民政府之前，台灣不曾出現過具有近代政府型態的組織，沒有海關，所以進出台灣的商船都無須向任何機關繳稅，只要能應付得了海上的私人海商集團（海盜），來到台灣的船隻都是自由進出的。領有日本政府核發的「御朱印狀」（航海許可證）的日本商船，當然也不例外。

荷蘭人進佔台灣後，為了壟斷對中國的貿易，於1625年7月決定對大員（今安平）的輸出品課徵10%的關稅，並禁止僑居日本的華人到大員經商，引起日本商人強烈不滿。日本人辯稱他們比荷蘭人更早到大員從事貿易，使大員成為貿易地，日本在大員應有特殊權利，因此拒絕繳稅。於是，荷蘭駐台總督宋克下令將日本船隻在大員購買的中國生絲1500斤沒收。當時日本商船都領有官方發給的「御朱印狀」，商人外出貿易是受官方保護的，甚至日本政界實權人物如京都將軍藤次郎、長崎代官末次平藏等人手下都有商人來台貿易。因此，荷蘭人向日商徵稅並沒收生絲的事，很快就引起日本官方的抗議。日本官方向荷蘭駐平戶的商館人員警告，要求台灣的荷蘭當局允許日商在大員自由貿易。巴達維亞的荷蘭當局唯恐此件紛爭會影響到他們在日本平戶商館的貿易，於是暫停前項課稅。

1625年9月，荷蘭駐台總督宋克在大員翻船溺斃，由威特代理總督。1626年，藤次郎和末次平藏又派遣商船來大員貿易。

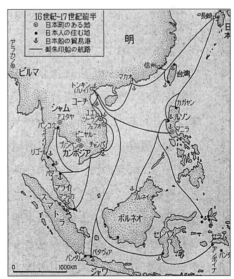

上‧16世紀中葉日本御朱印船的航路，台灣的熱蘭遮城(安平)首當其衝，日本與荷蘭的衝突乃勢所難免。
下‧1920年日本政府發給前往呂宋的船隻的朱印狀。

這次他們帶來鉅資購買10萬斤的中國生絲，以及鹿皮等其他商品。由於當時鄭芝龍的勢力在海上構成威脅，有一部份生絲無法運來台灣，日本的船長濱田彌兵衛向威特商量，希望借荷蘭東印度公司的兩艘船到中國沿海運生絲，但遭威特拒絕。濱田無法得到生絲，只好滯留在大員過冬。但此事令日本人相當不滿。

由於日本與荷蘭的商業關係因前述的背景而日漸緊張，巴達維亞的荷蘭當局擔心與日本的通商會受影響，乃決定派特使到日本向幕府溝通說明，於是由新任駐台總督努易茲擔任特使，於1627年7月前往日本。濱田彌兵衛得知努易茲將赴日，乃決心加以報復。濱田勸誘新港社的平埔族原住民理加（Dijcka）等16人和2名漢人通事，同船返回日本。濱田向長崎代官末次平藏控訴荷蘭人暴行，並報告新港社的這16名原住民是「台灣代表團」，到長崎是專程前來獻台灣土地給幕府，以此來破壞努易茲的和談計劃，終使努易茲這次到日本的和談完全失敗，於1627年12月3日回到大員。

努易茲認為此次赴日交涉失敗全係末次與濱田策動的結果，因而對其深感忿恨。1628年5月27日，末次再以濱田為船長，派遣兩艘船來大員。該船除了載有理加等16名原住民回台之外，並載有許多火藥、武器，遭荷蘭總督努易茲臨檢查獲，努易茲乃下令拘捕濱田彌兵衛，並以「叛國罪」收押16名原住民。五、六天後，濱田等人被釋放，但武器仍被扣留。6月29日，濱田與船員幹部要求會見努易茲，佯稱要交涉歸國事宜，努易茲沒有答應，濱

日本人所畫的濱田彌兵衛事件漫畫圖

田突然率十餘名日本人闖進努易茲住所，挾持努易茲。日本人以努易茲為人質，迫使荷蘭人與他們談判，雙方達成以下協議5款：「一、荷方以努易茲之子等5人為人質，乘坐日船；日方以濱田之子等5人為人質，乘坐荷船，一同和濱田回航日本，俟抵日後交換人質。二、立即釋放被拘捕下獄的11名平埔族原住民，及2名漢族通事。三、荷方發還所有沒收的日本政府賜給新港社原住民的禮物。四、為保證日人的安全，在啟航赴日之前，荷人須將進港船舵接收起上岸。五、日本在中國遺留絲絹2萬斤，濱田企圖取回時受荷人阻擾，以致現在已為鄭芝龍所獲，荷人應賠償其損失；又數年前因未付輸出稅而遭沒收的1500斤

日本御朱印船船長濱田彌兵衛挾持荷蘭總督努易茲（圖右），促成談判。圖原載於 F.Valentijn, Oud-en Nieuw-Oost Indien, IV. 1726.

絲絹，也應發還。」雙方履行協定後，濱田和努易茲一行人離台赴日。

當雙方人員抵達日本後，日方竟一反前約，將荷蘭人質與船員下獄，並且封閉荷蘭在日本平戶的商館，扣押荷船，禁止荷人繼續通商。巴達維亞的荷蘭當局感覺事態嚴重，於1629年派遣普特曼斯接任台灣總督，撤回努易茲，繼而宣判努易茲有罪，處以兩年徒刑，以向日本示好，並派特使再前往日本交涉。日方提出接管熱蘭遮城（今安平），或由荷蘭人自行拆毀，但荷蘭人沒有接受。到了1632年，巴達維亞荷蘭當局被迫將努易茲引渡至日本監禁，以此來消除積怨，日本才准許荷蘭在平戶恢復通商。但是努易茲的兒子卻病死在日本獄中。

1633年以後，日本實行鎖國政策，禁止商人外出貿易，荷蘭人才獨攬了在大員的商業利益。1636年，荷蘭人以青銅燭台向日方請罪，才將努易茲救回。

綜觀此一事件，因荷蘭人向日船抽關稅而起，然從國際法的「先佔」原則來看，先在台灣實行統治力的荷蘭人，原本有權抽取關稅，且事件進行當中，日方的反應亦不盡有理，但最後荷方卻表現得低聲下氣，相當隱忍，完全是為了他們東印度公司在遠東的商業利益考慮。東西兩個國家在台灣爆發的這場貿易糾紛，顯現台灣的商業價值，但也凸顯台灣人在國際競逐下沒有自主地位的悲哀。新港社的那幾位原住民，在事件中被利用而不自知，不是說明了一句台灣俗話所說的—「被人捉去賣還替人算錢」？

【基本參考資料】

◆吳密察，《唐山過海的故事：台灣通史》，台北，時報文化出版公司，1981。
◆戴天昭著，李明峻譯，《台灣國際政治史》，台北，前衛出版社，1996。
◆楊彥杰，《荷據時代台灣史》，中國南昌，江西人民出版社，1992
◆周憲文，《台灣經濟史》，台北，台灣開明書局，1980。
◆馬銳籌，《台灣史》1949。

6 新港文書的出現

向來沒有文字的台灣原住民族，到了十七世紀二〇年代末期之後，開始有了自己的文字——「新港文」。

台灣的原住民族屬於南島民族（Austronesian），族系多元而繁雜，被後來的漢族以不科學的分類法，區分為「高山番」和「平埔番」。不論是高山族還是平埔族，在居住於台灣的數萬年或數千年當中，向來都沒有使用文字，直到17世紀二〇年代末期，平埔族當中居住在今天台南縣的部分西拉雅人，開始有了文字，這不能不說是原住民歷史上的一件大事。不過，這些文字，是入侵台灣的荷蘭人幫他們帶進來的。

1624年荷蘭人侵佔台灣後，傳教士也跟著來到。荷蘭人起初統治的範圍，以嘉南平原為主，該地居住的是平埔族當中的西拉雅族。除大員（今安平）之外，當時著名的幾個西拉雅族的社，有新港社（在今台南縣新市鄉）、麻豆社（今台南縣麻豆鎮）、蕭壠社（在今台南縣佳里鎮）、目加溜灣社（在今台南縣安定鄉）、大目降社（在今台南縣新化鎮）等。這些西拉雅族的部落，成為最早與荷蘭統治當局發生關係、最早接觸基督教的原住民族。

1627年第一任的荷蘭牧師Georgius Candidius抵達台灣，先在新港社學習當地的語言（新港語），並以新港語在當地開始

新港文《馬太福音》內文首頁，左為荷蘭文，右為新港文。

傳教（這種先尊重當地語言以便傳教的作風，與268年後，來到台灣的部分日本警察先學會閩南語以便管教台灣人，真有異曲同工之妙。相較於318年後來到台灣的中國國民政府，一到台灣不久就禁止台人使用自己的母語，簡直不能同日而語）。荷蘭傳教士用羅馬拼音文字（或稱拉丁字）寫成西拉雅族平埔語的《聖經》及多種宗教書籍如《祈禱文》、《十誡》等，包括Jac. Vertrecht的《Favtorlangh語基督教教材及說教書》、Daniel Gravius的《Sideia語馬太福音》，還有Gilbertus Harprt的《Favor-langh

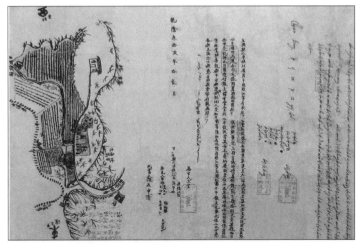
漢文與新港文對照的「番仔契」。右為新港文，左為漢文。

語辭典》等。到了1659年時，新港社住民已有83%信仰基督教，是當時諸平埔族部落中接受基督教最盛的一個社，這種羅馬拼音的西拉雅語文在新港社也最盛行，故稱此種文書為「新港文書」。這是原住民族歷史上首度出現的「我手寫我口」的文字。

平埔族人透過這些「教冊仔」，學會新港文，並開始運用到他們的日常生活。後來荷蘭人走了，較多的漢人來了，平埔族人與漢人之間有了土地買賣行為，平埔族人便以「新港文」來和漢人寫契約，漢人稱這種契約為「番仔契」。這類所謂「番仔契」，目前留存約有150件左右，是研究西拉雅族文化語言，及其與漢人關係極珍貴的史料（1933年5月，日本學者村上直次郎將蒐集到的101件「番仔契」輯成《新港文書》）。

目前被發現的「番仔契」，年代最晚者在1813（清嘉慶18）年，距離荷蘭人離開台灣已有150年。可見荷蘭人走後一個半世紀之間，新港文還行於台灣南部的西拉雅平埔族社會。19世紀初，平埔族人與漢人定契約，深恐漢人有詐，往往在土地契約上以拉丁字補充並列，以防被欺。1774年的《台灣府志》曾這樣記載著：「習紅毛字者曰『教冊』，用鵝毛管，削尖，注墨汁於筒，醮而橫書自左而右。登記符檄錢穀數目；暇則將鵝管插於頭上，或橫貯於腰帶間。」我們當可想像，當年這些西拉雅族的祖先們，頭上插著鵝毛管筆的灑脫景象，誰能笑他們沒有文士之風呢？然而隨著外來文化的入侵，西拉雅人在大漢沙文主義的文化霸權下，被漢化，被儒化，以致自己的語言與文字終告滅絕。從尊重多元文化價值的觀點來說，這種殘酷的事實，不也是台灣文化史上一件令人痛心疾首的文化浩劫嗎？

【基本參考資料】
◆ 村上直次郎，《新港文書（Sinkan Manuscriots）》，台北，台北帝國大學理農學部，1933；台北，捷幼出版社復刻，1995。
◆ 周婉窈，《台灣歷史圖說》，台北，中央研究院台灣史研究所籌備處，1997。
◆ 潘英，《台灣平埔族史》，台北，南天書局，1996。

7 荷蘭人招募大批閩南人來台

為了大量生產經濟作物稻米和甘蔗，17世紀三○年代起，荷蘭人大量招募閩南人來台開墾。

荷蘭進佔台灣之前，雖已有漢人進入台灣，但大多屬季節性的居留，零零星星，為數不多。也有一些逃避官府追緝的海盜（含華寇和倭寇），以台灣為過境的歇腳地，進出台灣。1624年，走私華商（也是俗稱的海盜）李旦來到台灣。又有海盜顏思齊（也有學者懷疑顏思齊與李旦可能是同一個人）等人率其同夥進入今天的北港，設十寨，開始居留下來。《蓉洲文稿》中說：「台灣有中國民，自思齊始。」高拱乾的《台灣府志》也說：「故明天啟間，海寇顏思齊入巢於此〔台灣〕，始有漢人從而至者。」顏的部下弟兄鄭芝龍也附隨而來，並招募閩南人來台，拓殖於北港、嘉義一帶，人數約在三千人左右。

鄭芝龍

差不多此時，荷蘭人也正要進佔台南。

顏思齊和李旦在1625年死於台灣，顏死後，鄭芝龍接掌其勢力。但因鄭芝龍心不在台灣，於是率其海商集團勢力遊走中國東南沿海，於1628年接受明朝政府招撫，1630年與台南的荷蘭人訂約，讓渡其在嘉義、雲林一帶的地盤給荷蘭，許多當地的漢人投入荷蘭的東印度公司做工。

漢人較大規模移入台灣，應該是在荷蘭時代開始。荷蘭人佔領台灣後，為了發展經濟作物稻米和甘蔗，需要更多的人手種作，因此獎勵漢人和日本人來台居住，以便從事稻米和甘蔗的種植。《台灣府志》記載施琅給朝廷的文書說：「紅毛遂聯絡土番，招納內地人民，成一海外之國」。連橫的《台灣通史》也說道，荷蘭人「制王田，募民耕之，而徵其賦」。1625年1月14日的大員（今台南安平）會議記錄記載說，荷蘭人從澎湖島移居台灣以來，華人急遽增加，使得位於北線尾的商館日感狹隘，恐怕此後再來的華人和日本人無居住地方，因此決定在大員對岸的赤崁另闢一市街，以便安置新移民。後來荷蘭人果然建了有普羅明遮（Provintia）城（今赤崁樓的前身）。

荷蘭時代台灣漢人居家圖，原圖載於荷蘭人達伯所著之《中國遊記》。

荷蘭時代的早期漢人移民，多假手李旦和鄭芝龍進行，李旦的海商集團曾與荷蘭人結好，而鄭芝龍據說曾一度擔任荷蘭東印度公司的翻譯，後又與荷蘭人訂有商務協定，所以透過他們招徠漢移民較為方便。除了鄭芝龍招徠移民外，荷蘭人也自己使用船隻到中國大陸沿海去載運移民來台。套句現在的用語，當時荷蘭人為了「引進外籍勞工」，真是煞費苦心。

1636年，在巴達維亞的一名華僑蘇鳴崗來到台灣落居三年，這位被荷蘭總督封為甲必丹的華僑領袖，向荷蘭人申請了一大片土地，準備發展農業生產。在荷蘭人的鼓勵之下，他特地從閩南招募許多閩南人來到台南，投入種稻、插蔗、捕鹿的生產行列。荷蘭人為了讓漢人移民有牛可耕田，特地從印度購買120多頭牛引進台灣，並設有專管牛隻的養畜與繁殖的機構「牛頭司」。想不到在當年的台灣，除了人是移民之外，連牛也是移民。

明朝末葉以後，中國大陸常有飢荒，動輒餓死成千上萬人，台灣成為內陸漢人的避難所。1635年以後，台灣海峽較為平靜，商、漁船隻往返頻繁，為移民遷徙台灣提供較為方便的條件。除了有組織的移民之外，更多的是分散、零星而持續的移民行動。這些移民往往是兄弟相攜，或同宗、同族、同村的人相引，搭乘船隻冒險渡海到台灣謀生。這種由中國大陸移民來台灣的風潮，自荷蘭時代開啟風氣，成為近代台灣史上的一大特色。往後歷經鄭氏政權到滿清統治的兩百多年間，不論統治者政策如何管制，逃避中國本土的漢移民仍陸續進入台灣，他們來台灣，絕不是為了所謂「中華民族」的「開疆拓土」，而是為了活命而追求新生的天地。

當然，在進入台灣之後，還是有部分漢人又回到唐山原鄉，不過在進出之間，還是入者多，回者少，因此移民越來越多。尤其1644年清兵入關，1646年清兵入閩之後，福建沿海地區動亂頻繁，迫使大量人口外移，因此1646年以後，中國向台灣移民出現新的高峰。

論及荷蘭時代的漢人移民人數，根據1638年12月22日巴達維亞總督的一份報告說：「在台灣的荷蘭人支配地區內，約有一萬至一萬一千名的漢人，從事捕鹿、種植稻穀和甘蔗，以及捕魚等活動。」到了荷蘭統治末期（1660年代初），台灣的漢人人口可能在三萬人至五萬人之間。當然，就人口結構來看，相較於南島民族的原住民，此時來到台灣的漢人還是少數民族。當時全島原住民族人數約在15萬到20萬人，受荷蘭統治管轄下的原住民約佔全島原住民的40%到50%。所以漢人仍是少數

民族。

　　所謂「泱泱大國」的大中華帝國子
民，寧願「遠離中國」，冒險渡海投入異族
統治的殖民地，與他們心目中的「番仔」
一起接受「紅毛番」的統治，以求生存，
這個歷史現實，真是不給「偉大的中華民
族主義」者留一點面子。只可惜「中華民
族主義」的面子，常常輸給肚子。

【基本參考資料】
◆曹永和，《台灣早期歷史研究》，台北，
聯經出版事業公司，1979。
◆楊彥杰，《荷據時代台灣史》，中國南
昌，江西人民出版社，1992。
◆周憲文，《台灣經濟史》，台北，台灣開
明書局，1980。
◆吳密察，《唐山過海的故事：台灣通
史》，台北，時報文化出版公司，1981。
◆馬銳籌，《台灣史》（1949）。
◆陳紹馨，《台灣省通志》〈人民志〉「人口
篇」。

8 郭懷一事件

1652年，荷蘭統治台灣的最後十年，爆發了漢人反抗荷蘭統治的郭懷一事件。

唐山過台灣的漢人，雖然遠離中國來到台灣追求新生的天地，然而這裡畢竟是西方列強為了經濟利益所建立的殖民地。殖民地的人民難逃被剝削與壓榨的命運，荷蘭人的橫征暴斂，終使漢人爆發了一場大規模的抗荷事件。

荷蘭統治下，稅捐繁多，有漁獵稅、人頭稅、田租等等。1650年以後，原本滿七歲以上的漢人每月都必須繳交的人頭稅，稅額又增加了一倍。收稅吏和士兵又經常利用夜晚挨戶搜尋催繳，並乘機敲詐勒索，引起民間相當不滿。1651年以後，台灣糧食生產減少了45%，甘蔗生產也大幅減少，導致許多移民失去就業機會，衣食無著，四處流浪。大約在郭懷一事件爆發的前一年，巴達維亞特使佛斯特根及大員評議會致函巴達維亞總督時提到，一般的華人十分貧窮，這些貧苦的砂糖種植者赤手空拳，無事可幹。有的只能從他們主人那裡每月領到10-12%的工資，到收成時無任何補償。有的人甚至打著赤腳進入教堂，有的四處謀生，或上山拾柴煮粥，或被迫幹一些雜活。

這樣的社會，發生民變是遲早的事。

據說，郭懷一是鄭芝龍的舊部，在赤崁以南的二層溪南岸開墾，頗有地方聲望。1652年，郭懷一受鄉民擁戴，計畫利用每月十五日宴賓客的習慣做掩護，邀請荷蘭總督及熱蘭遮城的官員商人參加宴會，再利用酒酣耳熱之際，加以襲殺，然後假送歸為名，攻佔大員。但是這個計畫卻被七名漢人長老向荷蘭當局通風報信而洩露出去（另外有一傳說謂，消息走漏是因郭懷一的弟弟向荷蘭人通風報信的），郭懷一只好提早行動。

9月8日，郭懷一的反抗軍約4000人攻打赤崁的普羅明遮城，打死8名荷蘭士兵及一些傭人，同時放火燒毀公司的房屋。3名荷蘭人騎馬脫出重圍到大員報告赤崁情況，大員當局調出120多名荷蘭士兵赴赤崁增援。拿著傳統武器的郭懷一領導的反抗軍，與擁有現代武器的荷蘭士兵對抗。荷軍上岸後，一路猛烈追殺，反抗軍節節敗退。荷蘭人奪回普羅明遮城，反抗軍退守到可能是今天的岡山或鳳山一帶。

9日荷蘭人又從新港、麻豆、蕭壠、大目降等社的平埔族發動數百名基督徒，配合荷軍在赤崁附近搜捕反抗軍，發現有小股反抗隊伍立即格殺，每殺死一人即獎賞布塊一塊。如此到了10日，共殺死漢人民

眾約5百人。翌日,荷軍配合6百多名原住民部隊合攻反抗軍退守區,反抗軍駐紮在高地,與荷軍展開激烈戰鬥,荷軍用滑膛槍密集射擊,反抗軍只能用弓箭、石塊抵抗。郭懷一在戰鬥中陣亡,最後反抗軍全面潰敗,約有2千名漢人在戰鬥中死亡。數名敗逃的反抗軍將領紛紛遭逮捕,被押解到赤崁,荷蘭人以多種酷刑將他們處死。歷時近二週的這場民變,終以悲劇收場。

郭懷一事件後,荷蘭人加緊修築普羅明遮城砲台,加強防禦。此外,對中國商船前來台灣必加嚴密檢查。此時在廈門一帶的鄭成功勢力,原與台灣的荷蘭有相當的貿易往來,由於荷蘭當局對來台船隻的嚴苛態度激怒了鄭成功,鄭成功一度下令斷絕與荷蘭人交易,荷蘭人見大勢不妙,經向鄭氏送禮賠罪,才又恢復通商。

綜觀郭懷一事件當時的局勢,荷蘭統治階級在台人數,最多時期「官吏、商人及牧師共600,守兵2200」(奧田彧《荷領時代之台灣農業》),總數不超過3000人,而其統轄下的人民總數約10萬多人(原住民約有6到7萬人,漢人約3到4萬多人),比例懸殊。被統治的多數若能團結精進,要對付少數統治者並非全不可為。但是外來統治者通常都擅長挑撥族群的分化與對立,以其治下的A族群對付B族群,借力使力,荷蘭人利用原住民打擊漢族,正是一個典型的例子。這種例子,在往後台灣歷史上的各個階段中都可以找得到。

不過,就荷蘭時代當時的脈絡來說,我們很難責怪平埔族甘受荷蘭外來統治者的利用,因為對當時原住民而言,漢人移民也是一群外來族群,這群外來族群在短期內入墾台灣,對原住民已造成生活的威脅,原住民面對外來統治者之外,又要面對外來移民族群的壓力,這種雙層壓力的處境,比漢人更悽慘。要他們在外來統治者與外來入墾者之間做取捨,並無意義。況且,原住民也並非一路順從荷蘭統治者,荷蘭時代原住民反抗荷蘭人的大小事蹟也是層出不窮,例如1629年的新港社之役、1635年的麻豆等社之役、1641年的華武壠等社之役、1635年的卡拉陽社之役、1636年的小琉球社之役、1644年的淡水、噶瑪蘭之役、1645年的Tackamaha社之役等。如果再以宗教信仰的角度觀察,荷蘭人動用的原住民是基督徒原住民,這些同樣信仰基督教的原住民教徒,幫助「主內弟兄」的荷蘭人,去打擊非教徒的漢人,就很容易理解了。反倒是那幾位向統治者通風報信、出賣族人的漢人長老,才真是可悲的角色。這種背棄自己被宰制的族群,專向統治者靠攏的人,在台灣歷史上經常出現,在今天的台灣島上也還不少。

【基本參考資料】
◆達帕爾著,施博爾、黃典權譯,〈郭懷一事件〉,載《台灣風物》26卷3期。
◆辛徑農,〈郭懷一抗荷事蹟考略〉,載《台灣風物》1卷1期。
◆楊彥杰,《荷據時代台灣史》,中國南昌,江西人民出版社,1992。
◆台灣史蹟研究會編,《台灣史話》,台中,1975。
◆盧千惠,〈郭懷一月夜起義〉,載《新觀念》,1998年7月號,台北。

9 鄭成功攻佔台灣

1661年，鄭成功率領著承繼自父親的私人武裝海商集團勢力，攻打台灣，經過八個多月的苦戰，於1662年終於逼使統治台灣長達38年的荷蘭人退出台灣。

鄭成功的父親鄭芝龍，在中國明朝末年已擁有一支勢力強大的私人武裝海商集團（俗稱海盜），掌控東南沿海的航道。明朝政府在無法將他剿滅的情況下，乾脆承認他的存在，鄭芝龍因此被明帝國政府封爲「海防游擊」。說來也很弔詭，這個大海盜集團變成官兵之後，他們的責任就是在緝捕其他的小海盜。鄭芝龍雖然當了明朝官吏，但是他仍暗中幹著武裝走私、控制航路的海上霸行。1644年，「衝冠一怒爲紅顏」的吳三桂引清兵入關後，明朝覆滅。鄭芝龍於1645年擁立唐王朱聿鍵在福州成立流亡政府，是爲隆武皇帝。可是，

開山神社（今延平郡王祠）所藏鄭成功像。

翌年，隆武皇帝在福建汀州被清兵俘虜遇難，鄭芝龍也投降滿清。鄭芝龍雖然投降滿清，但是並沒有將他的這股海商武力交給滿清政府，而是交給他的不願投降的兒子鄭成功。

鄭成功原本出生在日本平戶，他出生在荷蘭人進佔台灣的那一年（1624年），彷彿註定出生來驅逐荷蘭人似的。小時候乳名「福松」，本名「森」的鄭成功，在7歲以前一直和日本籍的母親田川氏住在日本。直到7歲之後，被父親接往中國福建，父親有意栽培他走中國傳統的科舉功名之路，15歲考取家鄉福建泉州府南安縣的學生員，後入南京太學，準備更上層樓。但是不久，隨著明朝國祚衰微，改變了鄭成功的後半生。1645年鄭芝龍擁立唐王朱聿鍵成立南明流亡政權時，朱聿鍵見到時年21歲的鄭成功儀表堂堂，便以國姓「朱」賜他，並爲他取名「成功」，這是「國姓爺」及「鄭成功」名號的由來，外國文書稱之爲Koxinga，正是「國姓爺」的閩南語音譯。此外，鄭成功後來也被稱爲「延平郡王」，則是流亡廣西的另一支南明政權永曆皇帝（桂王）給他的封號。後來鄭氏政權即奉「永曆」的年號。

脫卻儒衣換上戎裝的鄭成功，接掌了父親投降滿清之後所留下來的勢力，於1647年在烈嶼（小金門）誓師，以「忠孝伯招討大將軍罪臣國姓」之名抗清。在1650年頃，他的勢力據守在廈門、南澳、泉州、同安一帶，許多閩南的貧農紛紛加入他的行列。到了1658年，他已經擁有戰船約3000艘，兵力17萬人。

為了籌措龐大的軍費，鄭成功不僅延續過去他父親控制海權的海上霸業，而且更加緊擴大國際貿易的範圍及對象。他的商船來往於日本、大員（今安平）、巴達維亞（今雅加達）、暹邏以及其他東南亞各地，並進行三角轉口貿易。至少在1654年以前，鄭成功已在杭州和廈門分別設立「山路五商」及「海路五商」，專門從事國內外貿易。1654-1655年之間，鄭氏所屬的貿易船，約佔當時全中國船的74%，因此要操作價格相當容易，利益也幾乎全進了鄭氏手裡。所以，鄭成功的海外貿易，在日本和東南亞各地都佔有支配地位。

清廷為了斷絕鄭氏的糧餉物資來源，於1656年頒布海禁令，封鎖沿海地區，「片板不得入海，貨粒不許越疆」，甚至下「遷界」令，採堅壁清野的對策，下令沿海五省的沿海居民撤退40里，築邊牆為界，以防堵鄭氏。但是這個對策收效不大，因為鄭成功不但繼續派遣軍隊突擊沿海各地徵糧取餉，且利用密佈各地的情報機關，廣作賄賂偷運的工作，來抵銷其受封鎖的損失。

鄭成功的實力漸大之後，於1659年，聯合據守在浙東的張煌言合攻長江口，一度攻入鎮江、南京一帶，可惜最後被不斷增援而來的清兵擊退，又回到廈門。

北伐失敗後，鄭成功的根據地幾乎只剩下廈門、金門。海禁的實施使得沿海貨船減少，開始影響鄭氏的收益。金、夏二地在籌糧及保護家屬安全上也顯得困難，掠奪沿海地區作為人員糧餉補給的辦法，亦非長久之計。

此時，曾經被台南的荷蘭總督指派來廈門與鄭氏進行過商務談判的的一位漢人通事何斌，因不法之事遭荷蘭當局起訴，潛逃到廈門。這位曾經是鄭芝龍的部屬的何斌，帶來台南一帶的地圖獻給鄭成功，並建議攻取台灣。何斌向鄭成功建議攻取台灣的理由說：「台灣沃野千里，實霸王之區。若得此地，可以雄其國，使人耕種，可以足其食。上至雞籠、淡水，硝磺有焉，且橫絕大海，肆通外國，置船興販，桅舵、銅鐵不憂乏用。移諸鎮兵士眷口其間，十年生眾，十年教養，而國可富，兵可強，進取退守，真足與中國抗衡也。」（江日升，《台灣外記》）其中的「橫絕大海，肆通外國，置船興販」之語，正說明了何斌深切體會到，充滿海洋文化商業性格的台灣，是一個發展國際貿易的好地方。

聽完何斌的建議，鄭成功「滿心豁然」，心動不已。但是鄭成功的部將們，多不贊成攻打台灣，鄭成功力排眾議，他說：「我欲平克台灣，以為根本之地，安頓將領家眷，然後東征西討，無內顧之憂，並可生聚教訓也。」「欲假此塊地暫借安身」「廣通外國，訓練士卒」（楊英，《從征實錄》）終使眾將領不再反對。鄭成功決定攻打台灣，行前發表文告說：「本藩矢志恢復，切念中興。恐孤島〔按指廈門、金門〕之難

居，故冒波濤，欲闢不服之區〔指的是台灣〕，暫寄軍旅，養晦待時，非為貪戀海外，苟延安樂。」

我們很清楚地看到，鄭成功要攻佔台灣的目的，純然是要找一個「根本之地」以便「暫借安身」「暫寄軍旅，養晦待時」，絕對不是像中國共產黨和中國國民黨（含中國新黨）所說的什麼「光復」台灣，「收復國土」之類的神話。台灣在此之前不曾是中國任何朝代的任何政權管轄下的領土，從上述鄭成功的征台文告中，也清楚看出台灣在鄭成功的心目中是「不服之區」、是「海外」。過去既然不是中國領土，何來「光復國土」？

1661年4月，鄭成功率25000名的部隊，先進佔澎湖，5月初渡鹿耳門，入台江，船隊包圍熱蘭遮城（今安平）與赤崁的普羅明遮城（今赤崁樓前身），用28門大砲猛攻。這場在台江上的攻防戰，打了8個多月，直到1662年2月，終於逼使荷蘭人開城請降。經過雙方議和，荷蘭正式退出台灣。

關於鄭成功攻打台灣一事，在台灣的漢人是抱著何等態度呢？對於這段歷史，

不同的政治立場，竟有著迥然不同的敘述。中共的學者這樣說：「鬼子〔按指荷蘭人〕滾蛋了，祖國的戰士們在延平郡王的率領和指揮下，解放了這塊美麗的土地，所有知道這件大事的台灣人民，不管是赤崁城附近或其他更遠的地方，都在狂歡中慶祝這次的勝利。」（方白1955《鄭成功》）；但是荷蘭駐台灣的最後一任總督揆一，卻有著完全不同的敘述：「因為害怕鄭成功打台灣，漢人紛紛準備逃亡。漢人領袖向荷蘭人密告並指出，即使國姓爺不能攻佔或保有台灣，他帶來的船也會搶奪大量的糧食、牲畜…等，以維持軍需。所以漢人一直把東西帶出去，準備逃亡。」（揆一《被遺忘的台灣》）以上兩種大相逕庭的敘述，何者較符合史實？如果用絕對化、單一化的「中華民族主義」的價值觀來思考，前者的敘述可能會打動人；但是若了解民眾怕變、求苟安的心態，則後者的敘述必然有其真實性。其實，這兩種現象有可能同時存在，只是不同政治立場的人，各取所需，各自作了選擇性的敘述。至於還有一些中共的學者，將鄭成功攻佔台灣說成「解放台灣」，則更加充滿政治教條與神話了。

荷蘭人走後，鄭氏政權所加諸於人民的稅賦，並不輕於荷蘭時代；對待原住民族，也不比荷蘭時代寬厚，甚至有「誅夷不餘赤子，田疇廬舍廢之」（見郁永河《裨海紀遊》）的殘酷手段，真不知道「解放」

荷蘭人向鄭成功投降圖，原載於揆一所著之《被遺忘的台灣》。

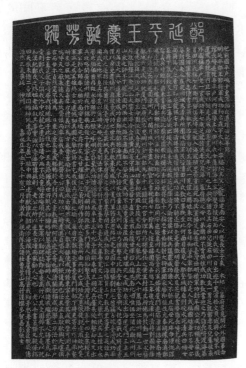

日本平戶的鄭成功慶誕碑文

了什麼。

鄭成功進佔台灣後，將赤崁改爲「東都明京」，行政制度設一府二縣：設承天府於赤崁城，爲行政總機關，下設天興縣（台南以北，實際治轄至嘉義一帶）、萬年縣（台南以南，實際治轄鳳山高雄一帶）。

鄭成功沒收荷蘭時代的王田，改爲「官田」，仍由原來的漢人佃農承租。此外，放由他的親族、官員、部眾任意圈地，永爲世業，再向鄭氏納稅。他的士兵們分派駐各地從事屯田開墾，今天台南、高雄縣市有許多帶有「營」「鎮」「協」「衝」（或「昌」）等字的地名，都是當年鄭氏部隊的名稱沿用而成的。

鄭成功趕走荷蘭人之後，曾經考慮繼續南下攻佔菲律賓的呂宋，後因鄭成功病逝而沒有完成（鄭在荷蘭人走後的4個月後即病逝台南）。設想當年鄭氏如果繼續南下攻佔呂宋，相信今天的中國共產黨和中國國民黨的御用學者們一定也會說：「呂宋自古即爲中國領土的一部份」。

【基本參考資料】
◆江日昇，《台灣外記》。
◆郁永河，《裨海紀遊》。
◆陳純瑩，《明鄭對台灣的經營》，1986年台灣師大歷史研究所碩士論文。
◆陳芳明，〈鄭成功與施琅〉，收錄於張炎憲等編《台灣史論文精選》，台北，玉山社，1996。
◆楊彥杰，《荷據時代台灣史》，中國南昌，江西人民出版社，1992。
◆永積洋子，〈從荷蘭史料來看17世紀的台灣貿易〉，1997年5月1～3日，中研院中山人文社科所主辦「第七屆中國海洋發展史國際研討會」論文。
◆陳三井等，《鄭成功全傳》，1979年，台灣史蹟研究中心印行。

10 鄭經東寧建國

1664年以後，鄭經全面撤退入台，在台灣逐漸發展成一個獨立自主的東寧王國。

鄭成功死後，留守在廈門的兒子鄭經，與在東都（台南）的鄭成功的弟弟鄭襲，展開一場權力鬥爭，兵戎相向。最後鄭經勝利，繼承王位。

鄭經取得王位後，仍駐守在廈門。但是由於清朝政府實行「遷界」政策以來，沿海30至50里地區淪為荒地，使得鄭氏家族控制下的「陸路五商」無法獲得出口物資以供應「海路五商」，廈門失去了物資和情報來源。另外，鄭經與堂叔鄭泰發生衝突，引發內鬨，鄭泰遭鄭經幽禁而自殺，引發鄭泰的弟弟鄭鳴駿率部眾降清。1663年10月，清軍聯合荷蘭部隊圍攻金門、廈門，鄭軍節節敗退。1664年3月，鄭經放棄閩南沿海各島，全面撤兵退守台澎。這次退守台灣，可說是鄭氏所代表的南明抗清勢力的總撤退，不僅鄭經所轄的軍隊、官員都撤入台灣，明朝的縉紳遺老，也隨鄭經來台，此批入台總人數約僅7000人左右。

鄭經退守台灣後，雖然仍奉南明的永曆年號，但是他的政權本質，與鄭成功時代顯然不同，而儼然以獨立王國的姿態出現。從以下的措施和作為，可以明白看出鄭經已在台灣起造了一個獨立自主的東寧王國。

鄭經入台當年，旋即將東都改為東寧，並將原來的天興縣、萬年縣升為「州」。他說他不是不能戰，而是「不欲重苦沿海吾民，故效張仲堅遠絕扶餘，不與中土爭衡。」1666年，鄭經所倚重的佐臣陳永華，在和鄭經的一次談話中也說到：「清朝亦知我們株守而無西意」（江日昇《台灣外記》）。從談話中可知，鄭經此時只有「株守」台灣之意，沒有西征的意圖。

1669年鄭經在給滿清官員率泰的書信中說到：「囊歲思明〔鄭成功改廈門為思明〕之役，……全師而退，遠絕大海，建國東寧，別立乾坤，自以為休兵息民，可相安於無事。」（川口長孺《台灣鄭氏紀事》）其中「東寧建國，別立乾坤」的話，都講出口了。

鄭經也自稱「東寧國主」，西洋人稱他叫做「The king of Tyawan」，1670年英人東印度公司負責人Henry Darces上書鄭經，稱呼他「Your Majesty」（陛下）。

到了1674更定官制後，他的屬僚不再自稱「卑職」而都改稱「臣」了。

鄭經甚至不再如鄭成功時期對明朝宗室、遺老那樣禮遇，停止供應他們的生活

鄭經時代開始在台南蓋孔廟，這是清代時的孔廟。

台南孔廟今景。

費，使得寧靖王淪落到竹滬（岡山一帶）開墾。

　　一個十足獨立的東寧王國，就在現實的環境下水到渠成。誠如學者陳春生所說，鄭氏政府雖是明朝政府的延長，但其在台灣實際上已成為一個獨立自主的國家。

　　東寧國主鄭經既然有意世守台灣，而無西意，則必須專意於在台灣的建設與發展。從1664年鄭經入台，到1674年的10年間，可說是鄭經經營台灣的主要時期。不過，鄭經此時期的建設與措施，其實多委政於陳永華。陳永華在鄭成功時代即受賞識，經常參贊內外軍政事務。隨鄭成功來

台後，被授以咨議參軍。鄭經來台後，升為勇衛，仍受鄭經相當倚重。

　　在陳永華的經營之下，當時台灣朝兩個方向發展，一為中國化；一為國際化。

　　關於前者，例如引入中國內地的坊里制，建立地方行政系統。1666完成孔廟（稱為聖廟）的興建，並於其旁設立學校，稱為明倫堂。他更進一步引進中國的科舉制度，這套儒家化的措施，是最典型的中國化政策。

　　至於國際化方面，繼續發揮台灣海島貿易的性格，加強國際貿易。東寧王國與日本、菲律賓、暹邏、東南亞各地，甚至英國，展開廣泛的多邊國際貿易。其中，英國船於1670年首度來台，與東寧王國協議成立非正式通商條款37條，1672年正式訂定協議條約13條，在安平籌設台灣商館。鄭經時代台灣的國際貿易發展，使得安平一直扮演著自荷蘭時代以來遠東貨物的集散地角色。誠如清初郁永河在《裨海紀遊》〈鄭氏逸事〉中所指出的：「我朝（清）嚴禁通洋，片板不得入海……凡中國各貨，海外皆仰資鄭氏，於是通洋之利，惟鄭氏操之，財團益饒。」這裡所謂的「通洋之利」，用現代的話說，就是從事國際貿易的利益。清帝國承繼過去傳統中國的大陸文化性格，只知閉關自守，充其量也只有朝貢貿易。但是台灣自荷蘭以來，即發揮了海洋文化的性格，知道與世界通商往來，鄭經時代更充分發揮這種海洋文化的商業性格。

　　不過，當時台灣這種重商路線，已讓台灣社會沾染了追求物質享受的風氣，清初黃叔璥的《台海使槎錄》，記錄鄭經時台

灣從事國際貿易所造成的社會風氣，他說：「……且洋販之利歸於台灣，故尚奢侈，競綺麗，重珍旨，彼此相倣。」社會奢靡之風固然不可取，但一方面也說明了國際貿易暢旺的台灣，自有其獨立於世界舞台上發展的條件。台灣史學者黃富三曾評論說：「鄭氏王朝秉承其家族之海上活動傳統與閩南地區的特性，來台後並未改變荷蘭人的重商路線。此乃大量軍民突然入台，經濟未崩潰，且以小國寡民能與大中國抗衡的奧祕所在。」

這個國際化的台灣，如果好好發展，不要去理會大陸古國的滿洲政權，必可發展出一片天地來。可惜，原本沒有「西意」的鄭經，在台灣獨立發展了十年之後，心中那股故國情懷卻又開始蠢蠢欲動了。他藉著「三藩之役」的機會，發動了一次反攻大陸的行動，結果東寧王國最後卻因此而被「套牢」了。東寧王國如何被套牢？讓我們在下一個單元中再來了解這個具有現代意義的歷史課題。

【基本參考資料】
◆江日昇，《台灣外記》（河洛版）
◆郁永河，《裨海紀遊》
◆陳純瑩，《明鄭對台灣的經營》，1986年台灣師大歷史研究所碩士論文。
◆陳春生，《明鄭復國論》，1970年，台大政治研究所碩士論文。
◆黃富三，〈「台灣問題」的歷史淵源〉，1988年12月29日，廿一世紀基金會主辦「公共政策研討會」論文。

11 鄭經反攻大陸失敗

1674年，原本退守台灣十年的東寧國主鄭經，發動了反攻大陸的戰爭，歷時約六年，最後慘敗而還，使得東寧王國元氣大傷，走向敗亡的結局。

從1664年到1674年的十年之間，鄭經在台灣的獨立經營，已經使得東寧王國逐漸發展出一個局面。但是，中國傳統歷史意識的「大一統」情結，顯然也在鄭經身上發酵，儘管東寧王國已在台灣奠下根基，鄭經卻不能安於小國寡民的價值，他發動了一次反攻大陸的戰爭，使得十年來好不容易在台灣累積的基業，在這場歷時六年的征戰中耗損殆盡。

1673年，「清初三蕃」─駐雲南的吳三桂、駐福建的耿精忠、駐廣東的尚可喜─因不滿清朝削蕃，聯合舉兵抗清，爆發所謂「三蕃之役」（過去習慣稱「三蕃之亂」）。1674年，耿精忠邀約台灣的鄭經也出兵會師，並答應將漳州、泉州二府讓給鄭經分治。鄭經果然心動，以陳永華留守東寧，他則親自率部眾參加這場抗清行動。耿精忠原本擔心自己軍力不足，才希望鄭經加入，以增實力，等到鄭軍一到，發現鄭軍薄弱，即違約不將漳、泉二府讓

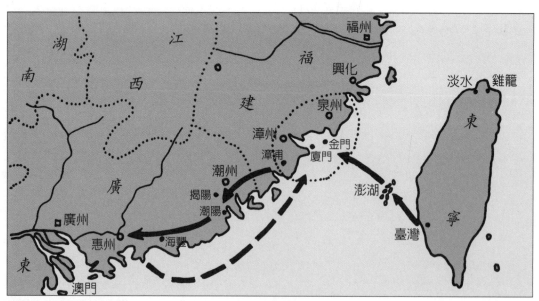

鄭經反攻大陸征戰路線圖

給鄭經。鄭經只好自為戰守，攻同安、佔海澄、泉州、漳州、潮州，控制閩南沿海，攻勢轉向廣東，得吳三桂之助，輕取惠州。鄭經與吳三桂、耿精忠成鼎足而三之勢。耿精忠看鄭經表現良好，欲重修舊好，遭鄭經拒絕。耿精忠遭清兵圍剿之時，鄭經不僅不加幫忙，反而接受耿的汀州守將的投降，拿取汀州。耿精忠走投無路，最後降清，將槍口轉向鄭軍，開始改變鄭經的戰局。

降清後的耿精忠，會同十餘萬的清兵合攻鄭軍，鄭經各地守將紛紛向清兵投降。鄭經在閩南7個府的據點紛紛冰消瓦解，退守金門、廈門，雖曾一度以悍將劉國軒攻下漳州十餘縣，但終仍不敵，節節敗退，退回海澄、金門、廈門。

滿清一面重施遷界故計，一面在漳州設立「修來館」作為統戰機構，發布各項投降獎賞標準，利誘鄭軍部將兵士奔降，甚至散佈各種挑撥離間的不實消息，謂鄭軍中的某將領、某幹部即將來降等，致使鄭軍人心惶惶，軍心潰散。

1679年，清軍調集大軍封鎖鄭軍根據地，對金門、廈門總攻擊。1680年2月，鄭經全面退回台灣。在這次的挫敗撤退當中，鄭軍又掀起一波投降潮，投降滿清的鄭軍官兵總數約10萬人。

這次鄭經又回到台灣，可是已經回不到歷史的原點，因為發動這次的反攻大陸戰爭，經過6年的征戰，消耗掉的財力、物力、人力以及時間，使得東寧王國的元氣大傷，加上因此造成的心理打擊、民心的潰散流失，則更不能以道理計。不僅國家元氣耗損殆盡，連賴以生存的經貿實力也

大受影響，就在鄭經敗退回台的那一年——1680年，英國撤銷了他們在台灣的商館，這表示外國也不看好東寧王國了。

經過這場反攻大陸潰敗之後，東寧王國對付清國的籌碼盡失，和談的條件也完全沒有了。本來自鄭成功退守台灣以後，即不斷有清國使節前來遊說招降。鄭成功死後，清朝趁鄭方內鬥，派人到廈門招撫鄭經，清方堅持鄭經薙髮結辮，登岸請降，鄭經則表示願仿朝鮮稱臣納貢，但不薙髮，因此和議不成。鄭經入台以後到反攻大陸潰敗之間，清鄭仍有數度議和，但都沒有談判成功。到了1679（康熙18）年，鄭經的反攻大陸戰爭還沒有完全潰敗之時，清朝政府向鄭經提出最後的和談條件，清國代表致書鄭經說：

「自海上用兵以來，朝廷屢下招撫之令，而議終不成，皆由封疆諸臣執泥削髮登岸，彼此齟齬。台灣本非中國版籍，足下父子自闢荊榛，且睠懷勝國，未嘗如吳三桂之僭妄。本朝亦何惜海外一彈丸地，不聽田橫壯士逍遙期間乎？今三藩殄滅，中外一家。豪傑識時，必不復思噓已灰之焰，毒瘡痍之民，若能保境息兵，則從此不必登岸，不必薙髮，不必易衣冠。稱臣入貢可也，不稱臣入貢亦可也。以台灣為箕子之朝鮮，為徐市之日本，於世無患，於人無爭，而沿海生靈永息塗炭，惟足下圖之。」（平南將軍貝子賴答致鄭經之諭文）

用「田橫壯士」來形容鄭氏集團，也許是矯飾之辭，不過同意鄭經不必薙髮結辮、不必登岸投降、不必更換衣冠，甚至不必稱臣入貢，可以比照日本、朝鮮的情況在台灣發展，這個條件可說是清鄭談判

以來最讓步的一次。但是鄭經則堅持保有貿易據點海澄，結果談判又破裂。然而，等到接下來的戰況，鄭軍節節敗退，潰不成軍之後，鄭方的談判籌碼完全喪失了。

1680年2月鄭經反攻大陸徹底失敗，再度退守台灣。同年7月，他所倚重的陳永華去世。鄭經整日呼酒買醉，在酒池肉林之中麻醉自己，翌年（1681），39歲的鄭經去世。東寧王朝再度陷入一場腥風血雨的權力鬥爭，原本被鄭經立為「監國」準備繼位的養子鄭克𡒉被殺，由12歲的鄭克塽即位，幕後實由其岳父馮錫範掌權。馮錫範、劉國軒等人把持東寧朝政，整肅異己，「稍有嫌隙，全家屠殺，人人思危」，一套中國傳統政治文化在台灣島上公演。東寧王國上下人心動搖，清廷則乘機挑撥離間。原住民也紛紛反抗，1682年8月，雞籠山的原住民殺通事、搶糧，竹塹社、新港社等社也發生抗爭。

面對這個紛亂的東寧王國，清朝終於決定採武力解決。1683年6月，原為鄭成功部下、後來投降清朝的施琅，奉清國政府之命，率二萬多名的清兵及三百餘艘的戰船，先進攻澎湖，展開一場激戰。東寧王國的將領戰死41名，155名投降，士兵4800多人投降，戰艦一百餘艘沈沒，守將劉國軒逃回台南。人心惶惶的東寧當局，大家七嘴八舌提出應變之道，有人主張放棄東寧，轉攻呂宋；有人認為大勢已去，準備投降。7月19日，施琅派來東寧的代表，出示各項投降清單，8月13日，施琅率軍隊進入台灣，18日，鄭克塽率領已經薙髮的東寧「亡」國的文武百官向施琅投降。

歷史學者黃富三指出：「海島政權應以和平外交為立國政策，方能長保貿易的通暢與政治的安定。鄭氏卻不知己、不知彼，視台灣為戰略據點與補給站，全力投入反攻大陸的戰爭，終於自取滅亡。」誠然，鄭經發動反攻大陸的戰爭，是東寧國走向滅亡的最大關鍵。266年後，蔣介石的中國國民黨政權也撤退來台灣，以台灣為根據地，標舉「中興復國」「反攻大陸」的口號。好在蔣政權的「反攻大陸」只流於口號，而沒有真正付諸行動。撫今追昔，兩相比較，我們發現鄭經將「反攻大陸」付諸行動，使得東寧國在台灣的經貿發展成果冰消瓦解；蔣政權的「反攻大陸」只是口頭喊喊，真正在台灣致力於經貿發展，卻使得台灣成為世界第14大貿易國。

【基本參考資料】
◆陳純瑩，《明鄭對台灣的經營》，1986年台灣師大歷史研究所碩士論文。
◆黃富三，〈「台灣問題」的歷史淵源〉，1988年12月29日廿一世紀基金會主辦「公共政策研討會」論文
◆楊碧川，《簡明台灣史》，1987年，高雄，第一出版社。

12 清帝國併吞台灣

東寧王國滅亡後，滿清朝廷經過一番「台灣棄留」的爭論，直到1684年4月中，才正式將台灣併入其版圖。

施琅替滿清帝國消滅台灣的東寧王國，時間是在1683年的8月18日。但是滿清政府正式決定將台灣納入其領土，是在1684年（清康熙23年）的4月中旬，中間隔了將近8個月的觀望期。為什麼滿清政府不立刻將台灣併入其版圖，他們還在觀望什麼？這是因為，台灣過去不曾是中國任何朝代、任何政權管轄下的領土的一部分，

施琅雕像

滿清政府當局還在考慮台灣這個島嶼要不要正式併入版圖。因此，當時朝廷裡面掀起所謂「台灣棄留」的爭論。

主張放棄台灣的，以康熙皇帝為代表，他認為：「……台灣屬海外地方，無甚關係；因從未響化，肆行騷擾，濱海居民迄無寧日，故興師進剿。即台灣未順，亦不足為治道之缺，……海賊（指鄭氏）乃疥癬之疾，台灣僅彈丸之地，得之無所加，不得無所損。……」「……海外丸泥，不足為中國之廣，裸體文身，不足共守。日費天府金錢而無益，不如徙其人而空其地矣。」（見《清聖祖實錄選輯》）康熙皇帝竟然天真到想要把台灣的住民遷移到大陸上去而把土地空下來。如果真能「徙其民」，難道真能「空其地」嗎？早在16世紀末，西方各國就已覬覦台灣，而康熙講此話的17世紀80年代，更是西方世界殖民主義方興未艾之際，各國對外發展唯恐落人於後，唯獨滿清帝國的康熙皇帝竟然對台灣沒有一點領土野心，實在是時代的異數。不過，這並不表示中華帝國放棄霸權主義，只能說康熙仍停留在陸權時代，對海洋毫無認識與興趣，更是昧於國際觀。

不過，另一派人就不這麼想了，在

「留台論」的主張裡面，以攻滅東寧王國的施琅最爲積極。

施琅在〈陳台灣棄留利害疏〉中說到：「中國東南形勢在海而不在陸，陸之爲患有形，海之藪奸莫測。台灣雖一島，實腹地數省之屏蔽，棄之則不歸番、不歸賊，而必歸荷蘭，彼恃其戈船火器，又據形勢膏沃爲巢穴，是藉寇兵而資盜糧。且澎湖爲不毛之地，無台灣，則澎湖亦不能守……，棄之必釀成大禍，留之誠永固邊疆。」

當然，施琅是以中原政權爲中心，不以台灣爲主體來思考，但就其立足點而言，他的考慮是有道理的，施琅的意見，最後被清廷接受了。

1684年4月，清帝國朝廷正式將台灣併入版圖，明詔台灣設府、縣，隸屬於福建省之下。

這是歷史上台灣被併入中華帝國的開始，在此之前，台灣不曾是中華帝國的一部分，所以，後來雍正皇帝才會說：「台灣地方自古不屬中國，我皇考聖略神威，拓入版圖。」中國共產黨和中國國民黨（含中國新黨），經常宣稱「台灣自古即爲中國不可分割的一部分」，與歷史事實完全不符，到了17世紀80年代的中期才被併入中國的台灣，何來「自古是中國不可分割的一部分」？這只是爲了政治目的對歷史所作的扭曲。

台灣隸屬中華帝國的時間只有清代統治的211年（1684～1895），比漢朝統治朝鮮半島的時間還短促。況且清帝國雖併吞了台灣，但很長一段時間視台灣爲化外之地，對台灣的統治採取相當不信任的態度，例如，派來台灣的官吏，任期3年，立刻調回。官吏不得攜眷上任，留其家眷在大陸上，無異當成「人質」，牽制在台官吏不敢有非份之想；駐台軍隊由對岸的福建調來，也是3年輪調，不能久留，且漳兵不得駐漳州人村落，泉兵不得駐泉州人村落，以防軍隊與地方結合反抗中央。此外，限制將生鐵和鐵器輸入台灣，不准私自鑄鐵，鑄戶由政府給照，嚴格管制，以防民間製造兵器。在移民入台的管制上，更可以看出清廷對台灣的不放心（詳見本書第13節〈清初渡台移民三禁〉）。總之，清代雖統領台灣，卻另眼看待，採消極統治，直到最後二十年才有積極建設。

【基本參考資料】
◆《清聖祖實錄選輯》
◆王詩琅，《清廷台灣棄留之議》，1979，高雄，德馨室出版社。
◆吳密察，《台灣通史——唐山過海的故事》，1973，台北，時報文化出版公司。

13 清初渡台移民三禁

清朝領台之初，頒佈渡台禁令，嚴格限制人民移民來台。

在清廷統治台灣的211年間，除了最後20年左右採取積極的所謂「開山撫番」及近代化措施之外，其餘的前190年之間，對台灣大抵採取消極的隔離政策。這種消極的隔離政策，表現在限制大陸人移民台灣的措施，最具典型。由於清廷唯恐台灣成為「奸宄逋逃之淵藪」，所以不想拓土聚民，因此，清廷初領台灣，即公佈〈台灣編查流寓例〉，把他們的人民移入台灣視為「流寓」。這令人不禁懷疑，清朝政府到底有沒有把台灣看做是正規的領土?在〈台灣編查流寓例〉中，對移民台灣定有三大禁令：一、嚴禁無照渡台。想渡航台灣的人，必先在原籍地申請渡航許可證，並經「分巡台廈兵備道」及「台灣海防同知」的審驗核可，才可渡台；二、渡台者一律不准攜家帶眷，既渡台者，也不准招致家眷；三、不准廣東人來台，因為清廷認為「粵地屢為海盜淵藪」。

清廷屬行這種海禁政策的時間相當長，其間僅有短暫的數次弛禁。大致說來，清朝統治台灣的211年當中，從1684年到1790年之間採取較嚴格的禁止與限制；1790年以後才較放鬆，到了1875年以後真正開放移民。

移民政策雖多門檻，然而閩粵移民卻不斷湧入台灣，因為中國閩粵沿海省份在人口多耕地少的經濟壓力下，社會產生「推擠」的作用，而台灣當時還是地廣人稀、有待開發的地方，自然對他們產生「吸納」的作用。這兩個社會之間的「推擠」與「吸納」作用的方向，在清領時期都是同一個方向，台灣提供了閩粵難民一個新生存活的天地。「台灣錢淹腳目」「台灣好討賺」的觀念，吸引了閩粵難民陸續來台。有的人正式持有照單入台，有的人通不過申請關卡，只好買通「船頭」（又稱「客頭」，專營私載人民出海偷渡的人），偷渡來台。偷渡者搭乘簡陋船隻要橫渡台灣海峽，須冒「黑水溝」的波濤之險，他們不計九死一生，往往「六死，三留，一回頭」，誠如台灣諺語所謂「唐山過台灣，心肝結歸丸」。

海禁政策沒有堵住中國難民的入台，卻造成台灣社會的許多特殊情狀。

當時申請來台的都是單身一人，偷渡來台的也多為單身男子，這些單身漢不斷入台，使得早期台灣的移民社會，產生「陰衰陽盛」的特殊狀況。例如1721年大埔（今嘉義附近）的257個漢人開拓者當中，

只有一名女性。漢人移民當中女子非常稀少，這些一、二十歲的單身漢，渴求配偶而難得，因此有「一個某（妻），恰（較）贏三仙天公祖」、「一個某，較贏三個佛祖」的俗語。找不到漢家女子為妻，只好就地取材──找本地平埔族的女子為對象。加以在清政府的移民三禁中有「既入台者不得招致家眷」的規定，因此許多單身漢也以入贅於平埔族家庭的方法，甚至假冒成土著，來規避這項禁令。

恰好當時台灣平埔族的許多部落是母系社會，由女人繼承產業，而且招男子入贅於家。特別像西拉雅族，他們的俗話說生女子是「有賺」──繼承產業，生男子叫「無賺」──入贅到別人家去了。十七、八世紀間，從中國大陸來到台灣的這許多單身漢，就這樣入贅於平埔族家庭，真是「天作之合」，這種「天作之合」的後代，出現這樣的諺語──「有唐山公，無唐山媽」。所謂「公媽」泛指祖先，「公」即「祖公」，意指男性祖先，「媽」即「祖媽」，意指女性祖先。這句諺語意思是說，有來自唐山（中國大陸）的男祖先，沒有來自唐山的女祖先。這句諺語雖不能涵蓋現今全台灣人，但的確說明台灣人當中有許多人是漢人（應叫「漢語族人」）與原住民平埔族的混血。高雄醫學院陳勝順教授曾以HLA（人類淋巴球組織抗原）的交叉比對研究，解出台灣的血源之謎：現今台灣住民的88％混有平埔族血統，是相當高的比例。這項令人振奮的研究成果，可以讓我們重新思考中國國民黨與中國共產黨那套「炎黃子孫」的政治神話。

然而，並非每個來台的單身漢都能入贅平埔族家庭，仍然有一些人「無某（妻）無猴」「有路無厝」，後來還被稱為「羅漢腳」，因為晚上睡在廟裡十八羅漢神像的腳下，因而得名。「羅漢腳」成為清代台灣社會的流民，有一些俗諺，如「乞丐伴羅漢」「紅柿出樹頭，羅漢腳目屎（眼淚）流」等，都說明了這些流民的可憐處境。許多人在走投無路的情況下，甚至投入了一波波的民變之中（詳參〈朱一貴事件〉〈林爽文事件〉等節）。羅漢腳既舉目無親，流離失所，死後更無子嗣送終，往往遺骨暴露，聽任風吹雨打，於是有民間善士為之收屍，立廟祭祀，這便是「有應公」廟的由來。有應公廟常出現在以前的村落邊緣、田園路旁或墓地附近，廟裡堆放著一層層的「金斗甕」，金斗甕內藏的就是這些客死異鄉的「好兄弟」的骨骸，故有些「有應公廟」又叫做「金斗廟」。台灣俗話說「少年若無一遍戇，路邊哪有有應公」，意謂若不是那些「戇少年」離開原鄉，流浪到台灣，客死異鄉，路邊哪來這麼多的「有應公」供人膜拜？

「羅漢腳」是清代台灣社會的特殊角色；「有應公」是清代台灣社會的特殊神明。這種現象，都與清朝政府對台的移民三禁政策有著密切的關係。

【基本參考資料】
◆戴寶村，〈唐山過台灣〉，1993.12.5教育廣播電台「知識寶庫」節目廣播稿
◆陳勝順，〈當今醫界對台灣本土化人文科學應有之認識〉，載《高雄醫師會誌》，1995.9。

14 部分土著的歸化與漢化

清據台灣後，來台的漢語族人漸多，台灣的原住民族，在面對外族入侵及外力統治下，除了反抗之外，只能接受歸化及漢化。

　　清朝據台初期，政令所及僅偏西南部地區，中北部及山區仍多爲土著所居。這些土著經官府陸續招撫而歸化。按清廷的規定，只需繳納「番餉」每人1到20錢不等，而不需繳納正供（正規的稅）。

　　1693（康熙32）年6月，諸羅縣原住民共6社歸附清廷，共男婦老幼487名，每年輸餉銀90多兩。這六個社包括木武郡赤嘴社、水沙連思麻丹社、麻咄目靠社、挽麟倒各社、狎裡蟬密蠻社、干那霧社。翌年，又有崇爻社、芝舞蘭社、芝密社、貓丹社、筠椰椰社、多難社、水輦社、薄薄社、竹腳宣社等9社的原住民繳納社餉，歸順清廷。這是清初原住民歸化清朝政府的首批記錄。

　　清代分原住民爲「熟番」、「歸化生番」及「生番」三類。「熟番」係指服從政令，有向政府繳餉者而言，共有南路11社，北路82社，蛤仔難（噶瑪蘭）36社，合計129社；「歸化生番」係指與通事有交易關係者而言，且根據通事報告，這類土著有時順從，有時反抗，不很穩定，南路約有121社，北路數十社，合計約兩百餘社；「生番」指從未發生任何關係者而言，僻處深山，無從估計。

　　又根據地緣及與漢人接觸的關係，將原住民居於平地，與漢人接觸較早，漢化較深的，稱爲「平埔番」；居於山區，與漢人接觸較晚，或未接受漢化的，稱爲「高山番」或「生番」。因此，清據時期已經歸化的原住民（熟番）當屬「平埔族」居多。

　　這些原住民族在面對著來自中國大陸的漢語族的入侵，以及腐敗官府的壓搾，除了曾經掀起多次的反抗事件（詳見本書第18節）之外，處於弱勢族群的他們，只能在政治上陸續歸化清廷，在文化上則逐漸被同化。雖然從

漢人文化逐步入侵，平埔族人在漢人的教導下，開始牽牛耕種水稻。出自《諸羅縣志》中的「番俗圖」。

整體台灣的原住民來看，猶有許多原住民地區是清朝的政教所不及，但是與漢族接觸首當其衝的「平埔族」或「熟番」，則在文化的霸權主義下，提早造成社會解體及文化淪喪。

平埔族大規模接受漢化，是在清政府據台、大量漢人入台之後。除了因為與漢語族的接觸、交往、通婚之外，清朝政府的三項措施更是造成平埔族漢化（甚至儒化）的因素。此三項措施是：設社學、改風俗、賜姓氏。

1686年，諸羅縣知縣樊維屏在荷蘭時代西拉雅族的四大社——新港社、目加溜灣社、蕭壠社、麻豆社設立「社學」，教化「番」童。1695年，台灣知府靳治揚在府治所在地（今台南）進一步推廣「社學」，聘師教化「熟番」孩童。當時的科目有「讀書」與「習字」，讀書是讀《三字經》《四書》，要知句讀，要能背誦。之後，地方官吏不斷興設社學。到了乾隆年間，各廳縣為土著所設的社學已達51所（台灣縣5所、鳳山縣8所、諸羅縣11所、彰化縣21所、淡水廳6所）。不過以後由於土著迅速漢化，兒童多改入漢人義學或私塾讀書，社學制度逐漸式微。

過去「鵝筒慣寫紅夷字」的土著孩童，在上過社學之後，開始「琅琅音韻頌關雎」了，他們不僅能讀四書，背毛詩，而且在服裝上「薙髮冠履，衣布帛如漢人」。1758年（乾隆23年），分巡台灣道楊景素下令要求平埔族人要「薙髮留辮」，透過政令來改變平埔族的服裝，同時賜「漢姓」給平埔族。過去屬於南島語族的台灣原住民沒有姓氏，多採「父子連名」，到了

平埔族受漢化教育後，也相當重視功名，這是岸里社（今台中神岡）的潘士興捐納例貢生的執照。

此時，許多人開始接受官方的賜姓了，這些姓包括有：潘、蠻、陳、劉、李、王、戴、林、黃、錢、江、廖、三、張、斛、穆、莊、鄂、來、印、力、利、鍾、蕭、爐、楊、朱、趙、孫、金、賴、羅、東、余、巫、莫、文、米、葉、衛、吳、黎、兵、蟹……。

漢姓是古代華夏父系宗法社會的制度，是建立在以男性為中心的父權社會的制度。平埔族多為母系社會，賜姓則多以一族或一社為一姓，結果在儒教「同姓不婚」的規範下，社族外的婚姻勢必造成族群與母系社會的瓦解。誠如莊萬壽教授所言：「統治者常賜姓給異姓功臣或異族首領，除了是恩典外，更重要的是把被賜者收編進入統治者或某姓的家族中，改變對方的家族、種族的認同。因此，『賜姓』意味著儒教使平埔族的母系社會及家族結構解體的警訊。」許多改了漢姓的平埔族，在傳了幾代之後，加以自己的母語也消失了，便自以為是大漢子民，許多人甚

受漢化後的平埔族，母語消失又改了漢姓，傳了幾代之後，自以為是大漢子民，許多人還從漢姓譜系找出中原堂號來攀附。圖中的墳墓主人是埔里一代改姓「潘」的平埔族人，墓碑上面出現「滎陽」的中原堂號，而且誤成「榮陽」。與其說這是要「祖德流芳」，毋寧說是「數典忘祖」。

裝、語言是在引導平埔族的流行風尚。可能到十八世紀的下半葉，平埔族青少年逐漸全面閩南化或客化，而不限於學堂的學生。這是平埔文化的第一聲喪鐘。」

這種由受過洗腦之後的孩童，帶動大人摧毀自己族群的語言文化的方式，在今天看來，當不陌生。今天許多受過中國國民黨教育機制洗腦出來的青年學生，不但不能從父母親的身上承傳自己的母語，反而帶動他們的父母放棄本身的母語來和他們交談，這種現象不改，不出幾十年，「福佬語族」、「客語族」及其他原住民族語言文化的淪喪，當可預期。今古對照，能不令人扼腕？

至還從漢姓譜系找出中原堂號來比附，真以為自己是華夏世冑，反過來還會辱罵沒有同化的原住民為「生番」，真是可悲。

莊萬壽教授指出：「儒化是從社學開始，而社學的對象是從兒童開始。到十八世紀中葉，當時平埔族村社、家庭組織尚在，但受過儒化教育的兒童，不斷的成長，進入村社，改變平埔族社會的文化價值⋯⋯」「平埔族的儒化成功，繫乎官方掌握兒童教育之權。二百年平埔族的滅亡史，就是兒童從我族出走的歷程。⋯⋯我們可以從文獻看出，『番童』漢化的服

【基本參考資料】

◆莊萬壽，〈台灣平埔族的儒化〉，1997年4月11日，第一屆台灣儒學研究國際學術研討會論文。

◆潘英，《台灣平埔族史》，1996，台北，南天書局。

◆陳碧笙，〈清代漢族與平埔族之間的矛盾與融合〉，載陳孔立編，《台灣研究十年》，台北，博遠出版公司。

◆王啓宗，〈清代台灣的教育〉，載張炎憲主編《歷史文化與台灣》，1988，台北，台灣風物雜誌社。

◆錦繡出版社編輯部，《台灣全記錄》，1990，台北，錦繡出版社。

15 郁永河入台考察

1697年郁永河來台採集硫礦，沿途觀察民情風俗、山川文物，寫下《裨海紀遊》等珍貴記錄。

1696年（清康熙35年）的一個冬天，福州的火藥庫忽然爆炸，50萬斤的大批硝礦熿於一旦。地方官員為了償還這大批硝礦，煞費苦心。據說台灣北部產硫礦，擬派人前去採集，卻因北台灣當時仍蒙昧未開，地多險阻，大家視為畏途。此時，有一浙江杭州仁和人郁永河，自告奮勇，擔起這個任務。

郁永河生性好遊歷，足跡曾遍歷八閩地區。他於1697年1月24日，率領一批人員，從廈門出發，在澎湖媽祖澳登陸一遊，然後從鹿耳門經過安平，再由赤崁上陸。

經過一番打點與準備，4月7日，郁永河與隨行55人分水陸兩批，從今天的台南出發。郁永河為了詳細考察台灣各地狀況，所以他走陸路。坐著牛車北上，首先經過新港社（新市）、目加溜灣社（安定），抵達麻豆社（麻豆）。這幾個社是荷蘭及鄭氏時代統治下的平埔族（西拉雅族）的大社。郁永河發現麻豆社此時已經相當漢化。沿途有時砂礫滿地，有時茂草沒身，牛車顛簸，甚是難行。每抵一社，就得換車換牛（否則將累死台灣牛）。

旅程繼續進入諸羅山社（嘉

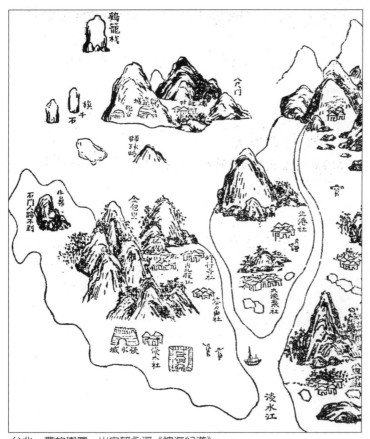

台北一帶的輿圖，出自郁永河《裨海紀遊》。

義），經過打貓社（民雄）、他里霧社（斗南舊址），抵達柴里社（斗六）。郁永河發現御車的「土番」全身刺青，背刺鳥翼盤旋，自肩至肚臍刺有網罟纓絡，兩臂刺人頭。從斗六門以上都很荒蕪，森林蔽天，麋鹿成群。

　　10日過虎尾溪、西螺溪，到大武郡社（員林、頭社），這一帶的「番人」戴大耳環，並用雞毛插在頭上做裝飾。他看見裸體的婦女在春米，面貌姣美。但是過了半線社（在彰化市），到阿束社（彰化市附近）、大肚社（大肚），「番女」的容貌就難看起來了。而且道路多石，更加難走。過沙轆社（沙鹿）、牛罵社（清水）後，連日下雨。繼續北上，經過大甲社（大甲）、雙坑社、吞霄社（通霄）、新港仔社（新港）、後壠社（後龍）。

　　25日越過三個高嶺，到中港社（中灣），再前進至竹塹社（新竹），看到許多成群的野生牛。土著捕捉野生牛，加以馴養，再用來拉車。

　　竹塹到南崁，沿途不見一人一屋，盡是原始地帶，但見麋鹿成群。自南崁越過小山丘，沿海岸北上，到達八里坌社（八里）。發現一大江，即淡水河，郁永河乘著叫做「莽葛」（艋舺）的小船，渡淡水河到對岸的淡水社，會淡水社通事張大己。5月2日再乘「莽葛」，過甘答門（關渡），溯淡水河到北投。過甘答門後，發現一片汪洋大湖，即今之台北盆地。郁永河來此的三

北投山區產硫磺，此圖攝於清據末期，日據初期，郁永河當年就是來此採硫磺。

年前（1693年4月），台北剛發生過大地震，盆地下陷成湖。現在還有竹子、樹梢突出水面。

　　郁永河就在北投士林一帶採集硫磺。根據他後來的記載，他是溯航磺溪而到毛少翁社。毛少翁社在今天士林天母一帶，而磺溪就是士林天母與北投之間。

　　郁永河在北投一帶採集硫磺，因為地處洪荒，蔓草陰濕、蝮蛇出沒，隨行人員有多人得瘴疾或水土不服，所以工作相當艱辛。他除了運用隨行人員工作之外，也透過當地通事、社商，與土著交往，以交易方式（七尺布換一筐硫土），請土著協力開採硫磺。他召集了淡水總社轄下的各社土官，請他們命令「番丁」運硫土來換布匹。這些社，包括八里坌、毛少翁、內北頭（北投）、外北頭、雞洲山（淡水鎮圭柔山）、大洞山（大屯）、小雞籠（小基隆）、

大雞籠（基隆社寮島）、金包里（金山）、南港、瓦烈、擺接（板橋市社後）、里末（在萬華）、武溜灣（在新莊）、雷里（台北市東園）、若釐、繡朗（中和秀朗）、大浪泵（台北大龍峒）、奇武卒（大稻埕）、荅荅攸、里族（在松山）、房仔嶼（汐止鎮長坑）、麻里折口（松山）等23社。

郁永河在台北停留了約6個月的時間，完成採集硫磺的任務。

郁永河回大陸後，將他在台灣沿途遍訪土著社、探險內山、採集台灣各地軼事的見聞，寫成了一本書，書名叫做《裨海紀遊》（又名《採硫日記》）。之後，意猶未盡，又完成《番境補遺》、《海上紀要》。在他的著述中，備述台灣山川地形，物產風土，土著民情，皆生動清晰，為清代據台以來第一部有系統介紹台灣的作品，是第一本關於台灣的遊記，對於民族學、民俗學、社會學的研究，提供相當寶貴的資料，更是研究台灣史不可或缺的史料。尤其有關平埔族的記錄，甚為珍貴。清代所遺留文獻中，以《裨海紀遊》一書為最早、最可靠，且成為後人了解原住民社會所必讀的書籍。試舉一段他記載訪問台北土著（應是凱達格蘭人）受招待的情形：「客至，番婦傾筒中酒先嘗，然後進客。可飲盡，則喜。否則慍……客或狎之，亦不怒。」這段話反映了母系社會的平埔族，女人以主人身分熱情款待客人的情形。其中「客或狎之」，如果在今天，說不定會被控告「性騷擾」哩！

透過《裨海紀遊》等書，台灣平埔族的早期面貌得以生動地呈現。難能可貴的是，郁永河對漢人壓迫平埔族，也有不客氣的評述。例如，他指出漢人社商、通事欺壓原住民的情形說：「平時事無巨細，悉呼番人男婦孩稚，供役其室無虛日。且納番婦為妻妾，有求必與，有過必撻，而番人不甚怨之。」

對明鄭時代的政治與社會，他也有所敘述，試舉一段來看——「曩鄭氏之治台，立法尚嚴，犯姦與盜，死不赦，有盜伐民間一竹者，立斬之。民承峻法後，猶有道不拾移之風，市肆百貨露積，委之門外，無敢竊者。」甚至鄭氏軍隊如何屠殺原住民，也寫入他的書中。

純就郁永河採硫磺一事，無足輕重，不足掛齒；但他所記錄的這些見聞錄——《裨海紀遊》等書，卻是彌足珍貴。所以，他來台灣走這一趟，在台灣的史學史上真是一件大事。

【基本參考資料】
◆郁永河，《裨海紀遊》，眾文圖書公司版。
◆王詩琅，《台灣歷史故事》，1999，台北，玉山社。
◆林衡道口述，宋晶宜筆記，《台灣夜譚》1980，台北，眾文圖書公司。
◆錦繡出版社編輯部，《台灣全記錄》，1990，台北，錦繡出版社。

16 陳賴章墾號開墾台北

1709年，「陳賴章」墾號申得官方的墾照，獲准在台北平原拓墾，這是漢人較大規模拓殖台北的開始。

荷蘭人據台38年，雖有漢人來台開墾，但開墾地區多只限於嘉南一帶。鄭氏東寧王國雖然使得入台的漢人增加，分佈區域亦已向南北開展，但其政經活動、開墾重心仍限於南部地方。清據台灣後，雖然嚴格限制大陸人民渡海來台，但偷渡入台者卻與日俱增，帶動台灣的農業開發。

1686年（康熙25年）首批客家人進入下淡水溪平原開墾，為今屏東地區經營之始；1690年，諸羅縣知縣張王尹招徠流民拓田開墾中部地區；1691年，福建同安人王世傑率子姪及鄉人180多人開墾竹塹埔（今新竹一帶），開39庄，遠達鳳山歧（今湖口）；1702年，福建漳州人登陸鹿港，向大肚溪附近平埔族贌耕土地，開拓大肚庄（今台中大肚）；1703年，福建汀州客家人入墾羅漢門（今高雄縣內門鄉）。

土地的開發逐漸在原來的基礎上向南北拓展。不過，台灣大部分土地的拓墾，不僅幾乎沒有官墾，且清政府對台灣的拓墾政策也不積極。台灣土地的開發，實是人民自動拓墾的結果。

人民欲開墾土地，要按一定的程序向官府申請。首先必須到縣府所在地申請土地開墾權，書明欲開墾地域的土名、東西南北的界線。為了避免侵犯原來土著部落界址，或是重墾別人土地的情形，官府派人先行查勘，並將申請書在墾地公告5個月，如果無人提出異議，才發給開墾執照。墾戶申請到墾照後，招佃農從事實際拓墾工作。如果能在規定期間內開墾成功，向政府繳納正供，則可取得該墾地的所有權。這套「墾戶制」又發展出「大小租制」：由於墾戶向官府申請的土地面積很大，不是自己所能耕作完成，於是將土地劃分數塊，招徠墾佃開墾，墾佃向墾戶（業戶）繳交一定的地租，稱為「大租」；墾佃又招徠耕佃替他實際耕作，耕佃也要向墾佃繳地租，是為「小租」。收取大租的墾戶（業戶），就叫做「大租戶」，收取小租的墾佃，叫做「小租戶」。這種關係，有一點像今天房屋輾轉租賃形成「大房東」、「二房東」一樣。

除了向官府請領墾照開墾土地外，漢人也有向原住民租土地耕作的情形，所以「大租戶」中也有原住民，他們向漢人收取的大租，被稱為「番大租」，漢人再將土地租給其他漢人耕佃耕作，收取小租。

土地開發時，往往由於土地面積廣大，不是個人的財力所能負擔，因此便由

幾個人合資合股開墾。最著名的例子是1709年（康熙48年），由5位泉州人陳憲伯、陳逢春、賴永和、陳天樞、戴天樞所組成的「陳賴章」墾號在台北平原的開墾。

按1697年（康熙36年）郁永河來到北投採硫磺時，所記錄到的台北平原，還沒有漢人從事拓墾活動的記錄。不過他指出「武勝灣〔在今新莊〕、大浪泵〔今台北大龍峒〕等處，地廣土沃，可容萬夫之耕」，郁永河早已發現台北平原農業發展的潛力。12年後，1709年，「陳賴章」墾號申得官方的墾照，獲准開拓大佳臘（一作「大加蚋」，是大台北盆地中央地區的舊稱）。所墾地區涵蓋武勝灣和大浪泵兩處的平原（但不包括士林），東起雷里、秀朗（在今中和、永和），西至八里坌（今台北縣八里）、干脰（今關渡），南至興直山腳（今觀音山下），北至大浪泵溝，面積多達50餘甲。這片開墾的範圍，包括了今天的永和、秀朗、八里、泰山、新莊一帶，相當於台北盆地淡水河兩岸的大部分地區。陳賴章墾號可以說是台北地方漢人較具大規模墾殖的開始，對台北的開發具有相當的影響。

不過，漢人的開發對原住民的生存空間也開始造成威脅，漢人在土地的取得過程中，往往利用原住民的單純、老實，表面上以買賣行為，實際上卻以極低的代價，向土著詐騙廣大的土地。開闢台北平原的陳賴章墾號，也有此類手段發生。1709年陳賴章墾號就曾經以豬、酒、花紅向當地圭泵社凱達格蘭族人換取現今台北市雙園區一大半的土地。

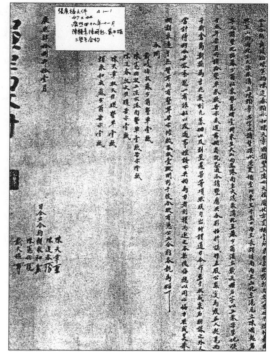

陳賴章、陳國起、戴天樞三墾號合約，引自尹章義所著《台灣開發史研究》。

【基本參考資料】
◆尹章義，《台灣開發史研究》，1989，台北，聯經出版公司
◆潘英，《台灣拓殖史及其族姓分佈研究》，1992，台北，自立晚報文化出版部。
◆張勝彥，〈清代台灣漢人土地所有型態之研究〉，收錄於氏著《台灣史研究》，1981，台北，華世出版社。
◆周婉窈，《台灣歷史圖說》，台北，中央研究院台灣史研究所籌備處，1997。
◆錦繡出版社編輯部，《台灣全記錄》，1990，台北，錦繡出版社。

17 朱一貴事件

1721年「鴨母王」朱一貴舉兵抗清，爆發一次大規模的民變，震動全台，也驚動大清朝廷。

滿清統治台灣共211年，在這211年當中，台灣島上民變迭起，動亂頻仍。根據學者統計，大大小小的抗官民變估計有116次之多，若以規模較大者來算，也有73次的民變。從這樣的記錄來看，顯然台灣俗諺所說的「三年一小反，五年一大亂」還不夠形容其程度。如果再將60次的械鬥一併觀察，那就更令人目不暇給了。

連雅堂在《台灣通史》中說：「夫台灣之變，非民自變也，蓋有激之而變也」。此意甚明，沒有「官逼」，自然就沒有「民反」。清代台灣官治腐敗，有其結構性因素：清室統治台灣探不信任態度，派到台灣的官吏以任期三年為限，且早期只能單身上任，不得攜眷前往，因此官吏皆視赴台為畏途，來台官吏不存久居之心，視台灣為傳舍，心不在焉，遇事推諉。文官在台兩年多剛熟悉環境就要調走了，因此這些急著想回家的官吏在台時便表現了所謂「訓練過的無能」（trained incapacity）的官僚毛病。再加以天高皇帝遠，所以在台官吏容易苟且貪贓，上下其手。此外，又因清代任官採「迴避」制度，所以本地人不得任本地官，派到台灣的官吏都是外地人，然而他們不懂閩南話和客家話，在台

灣除了「無福[福州人]不成衙」之外，他們起用懂本地話的人做衙吏、做爪牙，因此台灣吏治一直敗壞不堪。即使到了19世紀中葉，一位任台灣兵備道的徐宗幹都不客氣的說：「各省吏治之壞，至閩而極，閩中吏治之壞，至台灣而極。」台灣真的成為貪官污吏的集散地。

於是，清代民間罵官的俗話出了不少，例如──「官不驚[怕]你散[窮]，鬼不驚你瘦」、「一世做官，三世絕」、「一世官，九世牛，三世寡婦」、「三年官，兩年滿」、「交官散[窮]，交鬼死，交好額[富人]做乞食[乞丐]，交縣差吃了米」。在腐敗的吏治下，社會的階級對立就更加明顯，誠如台灣俗話說的「作惡作毒，騎馬轆鱷；好心好行，無衫通穿」，那些「無衫通穿」的底層社會的人，到了走投無路時，只好鋌而走險，投入一波波的抗官民變中。

除了吏治敗壞之外，台灣民變之多，還有一個社會結構的因素使然，那就是扮演著重要角色的遊民。這些「遊民」，許多是由中國大陸偷渡來台的單身漢「羅漢腳」，他們無家室、無恆產、無固定工作，隻身一人謀生。這群人在社會的夾縫中生

存，尚未生根，成為社會的邊緣人（marginal），在長期艱苦中自然培養出社會學所說的「層級意識」（level consciousness），彼此感染，成為「原始的反叛者」。羅漢腳與羅漢腳之間，因同境相憐，無形中發展出特殊感情，於是歃血為盟，結拜兄弟（台灣社會結拜風氣很盛，有其歷史背景）。結拜後類似血親的關係，成為台灣社會中一股力量。所以，這種集結一氣的遊民，有很長的一段時間構成台灣民變的主導力量。台灣淪入滿清統治的37年後（1721年）的朱一貴事件，其參與的份子中，就有80%都是遊民。

朱一貴原籍福建漳州，於1716年（清康熙55年）來台灣，曾擔任低層役吏，不久被革職，居於羅漢門（今高雄縣內門鄉），養鴨為業，在地方上廣結善緣，任俠好客，人稱「鴨母王」。民間還傳說他訓練鴨子可以齊步走路。

1720年（清康熙59年），台灣知府王珍攝理鳳山縣事，將政令委於次子，大肆課徵糧稅，民眾怨聲載道。平日地方官吏只知自肥，駐台兵丁更腐化不堪，民怨已深。朱一貴平日不滿王珍的苛政，遂於1721年3月，與他的一批好友黃殿、李勇、吳外、吳定瑞等50餘人在黃殿家中結盟，共商抗清大計。大家奉朱一貴為主，以其姓朱，認為是明代皇帝的後裔，以此來號召鄉里。在「大元帥朱」的紅旗下，招集群眾約1000多人，聚集岡山一帶。同時，南部另一股民變的領袖杜君英，也前來約同舉事。杜君英原為廣東客家人，1707年來台耕種。因被告以濫砍林木，為躲避官府追拿，逃入下淡水檳榔林（在今屏東

縣），糾集地方上客家籍的種地庸工1000人，以「清天奪國」旗號，準備攻搶台灣府庫。恰逢朱一貴也正要起事，乃相聯繫，兩股力量結合，聲勢因此壯大。各鄉民眾多人響應，人數增加到2萬多人。

4月23日，反抗軍開始與官兵接觸，朱一貴攻佔台灣府城（台南），杜君英攻下鳳山縣，北路又有其他的民變首領賴地、張岳等人豎旗響應。戴著清朝紅頂子的文武官員倉皇逃往澎湖，7天之內全台幾乎陷入朱一貴之手。朱軍浩浩蕩蕩開入府城後，「鴨母王」朱一貴被奉為「中興王」，他戴著通天冠，穿黃袍，執玉笏，築台受賀，祭告天地列祖列宗及延平郡王，國號「大明」，年號「永和」，並大封群臣，飭令全體兵民蓄髮，恢復明制。

然而，在大封群臣之後不久，因為利益分配不均，朱一貴與杜君英之間引發內鬨，開始自相殘殺。杜君英率領他的客家隊伍北走，所到之處，搶殺劫掠，屠殺閩南人，半線（彰化）以北多被蹂躪。5月中，下淡水（今屏東）兩岸的客家居民豎起「大清義民」旗幟來反擊朱一貴勢力，演變成閩客械鬥。

5月初，滿清當局派南澳總兵藍廷珍、水師提督施世驃（施琅的兒子）1萬8000名部隊抵台鎮壓。16日安平一戰，反抗軍開始節節敗退，最後朱一貴在逃到溝尾庄（今台南佳里附近）時，被鄉民縛綁送官。杜君英也次第兵敗就獲。朱一貴被捕後，仍有其他如阿里山、水沙連（今南投魚池）等地的抗清勢力仍在與清軍抗衡，但最後皆告失敗。1722年2月23日，朱一貴、杜君英等人在北京被處死，距離起兵，剛好屆

忠義亭裡供奉著替清政府賣命的「義民」。

滿一年。

　　綜觀朱一貴事件，具有典型的「官逼民反」的抗官性質，此外，朱一貴以「興明覆清，光復漢土」為號召，因此也具有以民族意識為動力的民族鬥爭的性格。然而若以民族鬥爭的觀點來論，在事件爆發後，人民之中卻出現另一種打著「大清義民」旗幟的「義民」，與朱一貴的反抗軍對立。如果純粹以民族主義的立場來思考問題，則「義民」們恐怕難逃「漢奸走狗」之詬，但是歷史的本質應該沒有這麼單純。表面上，「義民」似乎是站在清朝外來政權的一邊，但如果從社會的意義來觀察，其中尚有「階級對立」或「族群對立」的意涵。前者意味著一群已經在台灣定居下來、擁有家業的人，為了保住既有的生活利益，不惜與威脅他們既有利益的遊民組合（官府稱為「賊」）相對抗，因此，與其說他們幫外來政權，不如說他們是基於一種安於現狀、害怕改變的心理所作的選擇。這種心理，在台灣歷史上，從荷蘭時期到現在都一直存在於台灣住民之中，因此他們自然會與統治者站在一邊；如果再

從族群的觀點看，以閩南人為主體的朱一貴軍隊，與客家子弟的杜君英陣營雙方反目成仇，讓南部的客家人大感威脅，所以六堆等地立刻結合成客家籍的自衛組織，以保衛鄉土，形成閩客對決。客家人團體既然與閩南人為主體的反抗軍對立，自然就靠到官府這邊當起「義民」了。朱一貴事件從開始的抗官民變，最後演變成閩客分類械鬥，對往後台灣社會閩客之間的仇恨也產生影響，直到19世紀二〇年代（道光年間），台灣貢生林師聖調查：「其禍自朱逆[按指朱一貴]叛亂以至於今，仇日似結，怨日已深，治時閩欺粵，亂時粵侮閩，率以為常，冤冤相報無已時。」

　　當然，統治當局的分化、威脅、利

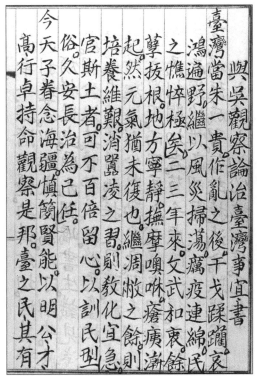
藍鼎元隨堂哥南澳總兵藍廷珍來台鎮壓朱一貴，他在朱一貴事件平定後，撰有《平台紀略》一書。

藍鼎元畫像,他在鎮壓朱一貴事件中,獻了許多分化台灣人的計策。

【基本參考資料】

◆謝國興,《官逼民反—清代台灣三大民變》,1993,台北,自立報系出版部。

◆張菼,《清代台灣民變史研究》,台灣銀行台灣研究叢刊104。

◆劉妮玲,〈遊民與清代台灣民變〉,載《台灣風物》32卷1-2期。

◆藍鼎元,《平台紀略》。

◆錦繡出版社編輯部,《台灣全記錄》,1990,台北,錦繡出版社。

◆林偉盛,〈清代台灣分類械鬥發生的原因〉,收於張炎憲等編《台灣史論文精選》,1996,台北,玉山社。

◆丁光玲,《清代台灣義民研究》,1994,台北,文史哲出版社。

◆孔立等著,《清代台灣史研究》,1986,廈門大學出版社。

◆南兵和,《台灣義民》,1981,台北,著者印行。

誘,也必然會出現許多「義民」。藍廷珍來台鎮壓反抗時,他的堂弟藍鼎元隨軍來台,幫藍廷珍寫了一篇〈告台灣民人〉檄文,號召台灣人民勿「從賊」,並要求人民在清朝官軍上岸之日,家家戶外書寫「大清良民」以示效順合作,一概不被妄殺,若能鳩集鄉壯殺賊來歸,即為「義民」,當可論功行賞。統治當局伎倆,或許也發揮了一些分化的作用?

18 大甲西社抗官

1731年年底，中部的原住民平埔族爆發了一場抗官的大動亂，大甲西社與沙轆社、吞霄社、樸仔籬等8社原住民，圍攻彰化縣治，掀起了一場清代平埔族最大規模的抗官事件。

　　大甲西社屬於平埔族中的道卡斯族，是清代北路平埔「番」蓬山8社之一，包括東西兩部落。東社在今台中縣大甲鎮附近，西社位於大甲西方的番仔寮附近。這一帶原本都是「道卡斯」平埔族捕鹿、生息之所（「大甲」一名，原本就是「道卡斯」一語的閩南音譯）。到了1701年（康熙40年），開始有閩南及客籍移民來此拓墾，又因大甲具舟楫之利，可與中國大陸直接來往，漢族移民入墾人數日增，逐漸侵蝕土著的田園和鹿場，影響他們的生計，漢人與原住民之間時有衝突發生。再加上地方官吏的腐敗，到了1731年（清雍正9年）終於爆發大規模的反抗。

　　1731年12月，大甲西社土著林武力、學生等因不堪淡水同知張弘章及其屬僚剝削，發動武裝抗官行動，燒毀同知衙署，殺傷衙役兵丁，張弘章倉皇逃逸。事發之初，正好當時台灣鎮總兵呂瑞麟北巡到淡水，聞變趕回貓盂（在今苗栗），被圍困，奮身突圍，入彰化縣治駐紮，並向台灣府徵兵合攻，仍未平復。1732年5月，負責征討大甲西社亂事的福建分巡台灣道倪象愷的一位劉姓表親，為求立功，竟將大肚社（在今台中縣大肚）5名前來幫助官府運糧

的「良番」殺害，佯稱這5名是大甲西社的作亂「生番」。此事引起歸化土著的不滿，群擁彰化縣城理論，縣令敷衍了事，大肚社土著大為憤慨，於是聯合南大肚社、沙轆社（在今台中縣沙鹿）、牛罵頭社（在今台中縣清水）、樸仔籬（今台中東勢）、吞霄社（在今苗栗通霄）、阿里史社（在今台中潭子）等十餘社的平埔族原住民約2000多人圍攻彰化縣治，焚燒附近數十里民房，漢人百姓奔逃。事件擴大後，其他社如蓬山（在今大甲）、貓羅社（在今彰化縣芬園鄉）、岸里社（在今台中縣神岡鄉）、水裡（在今台中縣龍井鄉龍泉村）、阿束社（在今彰化市香山）等原住民也起而響應。因此大安溪到大甲溪之間的兩岸山谷平原陷入動盪之中。這是清代平埔族武力反抗事件中規模最大的一次，當時彰化縣（含今台中、彰化縣市）境內平埔族族社幾乎都參加了這一行動

　　當時福建總督郝玉麟派台灣鎮總兵王郡（陝西人）親往督征，並先後從中國大陸徵調官兵6000多名，以及錢糧、軍火器械，船載100多艘來台剿辦。9月初，清軍採「以夷制夷」之策，得岸里社部分土著的協助，襲破阿束社，10月中旬清軍兵分

七路，攻破水裡社，搜剿牛罵社及沙轆社，11月初清兵進搗小坪山反抗軍的據點，獲牛千餘隻、馬8匹、車數百輛，焚毀糧食400堆。最後吞霄社、大甲西社、貓盂社、雙蒙社、苑裡社、房裡社等土官率眾投降，事件才告結束。

事件後，清朝政府改大甲西社為德化社，牛罵社為感恩社，沙轆社為遷善社，貓盂社為興隆社，並且建了一個「鎮番亭」於彰化東郊的瞭望山（即八卦山），改山名叫做「定軍山」。這些受盡壓迫的平埔族原住民（不要忘了，他們也是我們台灣人祖先之中的一部分），反抗不成，還要被戲弄什麼「感恩」「德化」「遷善」「興隆」，殖民地之悲哀，夫復何言？

不過事件後，清廷開始重視漢「番」問題，為保護土著，除嚴禁「番地」買賣，並責地方官吏嚴格執行「禁人民偷越番境」及「不得擅娶番婦」，此外，並酌量減低「番餉」。

大甲西社是台灣原住民反抗外來統治者及外來入侵族群的一個取樣代表。在大甲西社事件以前，台灣歷史上，平埔族受外族入侵而反抗的事件早已層出不窮，例如自荷蘭時代起，就有新港社之役（1629）、麻豆等社之役（1635）、華武壠等社之役（1641）、卡拉陽社之役（1635，放綵等七社相繼請降）、小琉球社之役（1636）、淡水、噶瑪蘭之役（1644）、Tackamaha社之役（1645，地點不詳）；到了鄭氏時代又有大肚社之役1661，此大肚係在赤崁一帶）、沙轆社之役（1670）、竹塹、新港等社之役（1682）；到了清代，相繼有吞霄社之役（1699）、北投社之役

（1699）。大甲西社的事件之後，又發生過加禮宛社（在花蓮）之役（1875）、大庄諸社（今花蓮富里）之役（1888）、觀音山庄（在今花蓮玉里）之役（1895）等等。原住民（其中特別是平埔族）在這些不斷的反抗中，遭受更嚴酷的鎮壓與屠殺。

面對歷史上這麼多的原住民的反抗事件，過去習慣「為權者立言」「替強勢族群說話」的人，他們看到的只是「番人」的「叛亂」與「暴動」，他們只知道有「暴民」，卻不知道有「暴政」。他們看不到「暴動」另一面「暴政」的本質。

自荷蘭入台以來，台灣的原住民（特別是平埔族）開始淪入被宰制的命運。鄭氏東寧王國的軍隊在入侵沙轆社時，甚至還殘酷到「誅夷不遺赤子，田疇廬舍廢之」（郁永河《裨海紀遊》）的地步。到了清朝，高壓更甚，不僅由於入台的漢族移民漸多，用各種狡詐、偽騙甚至霸佔的方式，侵墾原住民土地，再加以土官的索取、社商的剝削、通事的壓榨、官員的濫派，以及「番餉」的課徵，平埔族備受欺凌。

少數有良心的官吏已經看到他們的處境：「縣官索之通事，通事索之土番。日朘月削，必致舉家老小，衣不蔽體，食不充腹。而又派買……搬運竹木，層層搜刮，剝膚及髓，甚為土番苦累。」（陳璸〈條陳經理海疆北路事宜〉）；郁永河在《裨海紀遊》中，也說到社商、通事在平埔族部落中作威作福的情形：「此輩欺番人愚，朘削無壓，視所有不異己物，平時事無巨細，悉呼番人男婦孩稚，且皆納番婦為妻妾，有求必與，有過必撻，……」對於這

些被當作奴隸般的平埔族，郁永河發出人道的關懷：「舉世所當矜者，莫番人若矣。乃以其異類且歧視之：見其無衣，曰：『是不知寒』；見其雨行露宿，曰：『彼不致疾』；見其負重馳遠，曰：『若本耐勞』。噫！若亦人也，其肢體皮骨，何莫非人？而云若是乎？馬不宿馳，牛無偏駕，否且致疾。牛馬且然，而況人乎？」在外來的高壓統治下，大部分土著民族並不敢輕易反抗，「諸番視此為戒，相率謂曰：『紅毛[荷蘭]強，犯知無噍類；鄭氏來，紅毛畏之逃去；今鄭氏又為皇帝剿滅，盡為臣擄，皇帝真天威矣』，故其人既愚，又甚畏法。囊鄭氏於諸番徭賦頗重，我朝[清朝]因之。」在一朝比一朝更高壓的情況下，這群原本「甚畏法」的台灣早期的「主人」，還是逼得揭竿而起，但最後在引來一陣鎮壓與屠殺之後，只能聽任宰制了。

受外來勢力逼迫的原住民，在反抗不成的情況下，有的同化於漢人的社會（見本書第14節〈部分土著的歸化與漢化〉），有的則受現實環境所迫，開始遷徙，走避他處。19世紀初以後，平埔族各族系就有過數次島內的大遷徙。

【基本參考資料】

◆潘英，《台灣平埔族史》，1996，台北，南天書局。
◆陳碧笙，〈清代漢族與平埔族之間的矛盾與融合〉，載陳孔立編，《台灣研究十年》，台北，博遠出版公司。
◆戚嘉林，《台灣史》，1991，台北，作者印行。
◆錦繡出版社編輯部，《台灣全記錄》，1990，台北，錦繡出版社。
◆黃煥堯，《清代台灣番人與地方治安之關係》，1985年中國文化大學史學研究所論文。
◆莊萬壽，〈台灣平埔族的儒化〉，1997年4月11日，第一屆台灣儒學研究國際學術研討會論文。
◆白棟樑，《平埔足跡》，1998，台中，晨星出版社。

19 林爽文事件

1786年，清朝統治台灣211年間最大規模的抗清事件——林爽文事件——爆發，前後達16個月，清廷調動四省的兵力才平定。

林爽文原籍福建漳州平和，1733年隨父來台，定居彰化縣大里杙莊（今台中縣大里市），曾是趕車度日的車伕，後來從事農業，善於經營，田產日多，漸成地方上的豪強，加入「天地會」。當時附近也有一些豪族，常有械鬥發生，林爽文也自備武器，集村眾自衛。林爽文加入天地會之後，為會眾所重，地位漸高，成為天地會北路首領。林爽文原本沒有主動起事之意，但於1786年（乾隆51年）7月，因台灣知府下令緝捕在其他地區滋事的天地會份子，被緝捕的天地會份子逃入大里杙，找林爽文共商對策，大家希望林爽文領導起義。林爽文勸阻不及，而近山一帶已開始有人舉兵抗清，彰化知縣也已率隊到距離大里杙僅7里路的大墩，大舉焚村抓人，林爽文終於決定率眾起事。首先夜襲大墩，擊斃知縣，進佔彰化城。北路的王作、李同等黨徒也率眾響應，殺淡水同知，攻佔竹塹廳（今新竹），中北兩路聲勢大振。林爽文被大家推為大盟主，建元「順天」，封官設職。林爽文戴起玄緞皇冠，結黃色帽纓，穿袞龍袍，身上盤著兩條金龍，自頸部垂到背部，高坐堂上，接受臣下部屬高呼萬歲。接著，又攻佔諸羅、斗六門、南投，襲殺清政府官吏及將領許多人。南路又得莊大田率民兵起事響應，聲勢更大。林爽文幾乎控制全島。

清政府派福

清乾隆平定台灣圖之一，描述福康安收復中部情形，先收復笨港，再攻取諸羅縣城。

建水師提督黃仕簡、陸路提督任承恩，率清軍4000人來台鎮壓，歷時數月，未能奏效。乾隆皇帝生氣，下令將兩人革職拿問，改派閩浙總督常青為督師，調浙江、廣東清軍10000多人來台鎮壓。後又兩次增兵共70000多人，但仍不能消滅林爽文。乾隆又將常青革職，改派協辦大學士陝甘總督福康安等人赴台，林爽文的勢力才開始逆轉。

1787年11月起，林爽文的反抗軍與清軍多次激戰，接連失敗，佔領的地方逐漸丟失。林爽文被迫帶親信數十人退入集集、水沙連（今南投魚池鄉）、埔里等地，1788年2月林爽文隻身藏匿於老衢崎（在苗栗縣境）友人高振家中，被高振出賣而遭捕，最後解送北京處決。3月，南路的莊大田也在瑯璠（今恆春）被捕，押解台南處死。歷時1年4個月的事件，終告落幕。

好大喜功、自稱「十全老人」的乾隆皇帝，把鎮壓台灣的林爽文事件，列入他自詡的「十大武功」之一。清廷為了此役，損耗很多，事後乾隆殺台灣總兵柴大紀洩恨，可見此事件的重大。

然而，清軍最後能剿滅林爽文、莊大田等反抗軍的勢力，得力於台灣本地「義民」的支援與協助甚大。當時，與林爽文同為漳州籍的人多加入抗官團體；而泉州籍和客家籍的則充當「義民」，幫助官府「殺賊保庄」，加倍勇往。清廷掌握台灣住民的性格，成功地利用族群間的矛盾，進行分化，借力使力，才把反抗勢力消滅。誠如乾隆皇帝在1795年（乾隆60年）陳周全事件時，給台灣道楊廷理的上諭所說的：「台灣地方向分漳、泉、粵三庄，伊

滿清政府發給對抗林爽文的諸羅縣民的「義民首」證，以示獎勵。

等類聚群分，遇有事端，彼此轉得互為牽制。即如林爽文、陳周全滋事時，悉賴有義民，是以要犯得以就擒，迅速集事，否則僅恃該處弁兵，安能似此克期成功?」清朝政府利用台民的分類械鬥來控制台灣社會。皇帝甚至還告訴台灣地方官員，利用台民分類械鬥的事「不可使漳、泉人知覺」。可憐短視無知的台灣人民，只知有祖籍原鄉的地方意識，只知有自己族群、村莊的利益，而無法凝聚出台灣意識，因此被外來統治政權玩弄利用，還陶醉在「義民」的美麗封號中。例如，粵籍「義首」李安善率領鄉勇抵抗林爽文；新竹地區的客家人響應清廷召援，協助清廷鎮壓林爽文，戰死約有200餘人，其骸骨集葬於今新竹縣的新埔枋寮，清廷賜「褒忠」封號。事件後，在墓前建築廟宇，稱「褒忠義民廟」；今嘉義太保市出身的王得祿，於林爽文之役中，募勇隨總兵柴大紀收復諸寶珠溝；諸羅縣城被林爽文的反抗軍重圍數月時，城中民眾誓死協助清兵固守，乾隆皇帝乃以「嘉之效死不去之義」，而下詔改

座落在新竹縣新埔鄉郊外枋寮的義民廟,供奉的對象是在林爽文事件及戴潮春事件中協助清廷鎮壓反抗軍的「義民」。

乾隆皇帝御筆「褒忠」,褒揚「義民」。

諸羅爲嘉義。

　　這些只知道保自己的鄉、結果卻是替外來統治者「效死不去」的「義民」,固然可憐,然而,擁有60%是遊民的林爽文反抗軍的舉止,其實也跳不出中國傳統農民暴動與帝王改朝換代的模式。誠如姚嘉文在《台灣七色記》中說的:「此時正是西洋勢力再度東來之前夕,位於東亞海洋通路要點之台灣,絲毫沒有迎接海洋時代來臨的準備……」。再試想,在林爽文起事的前10年,1776年,美國已經發表獨立宣言,起草民主憲法;林爽文起事的後3年,1789年,法國也開始了大革命,提出自由人權的理念。美國獨立建國與法國大革命,使得以「主權在民」與「自由人權」爲依歸的現代國家的價值觀,成爲近代世界史的一股動力。然而,此時台灣的林爽文,卻還在中國式的傳統帝王迷夢中,戴皇冠,穿龍袍,當「龍的傳人」,時代步伐之落差,實在不能以道里計。

【基本參考資料】
◆蔣君章,《台灣歷史概要》1970,
◆姚嘉文,《台灣七色記》1987,台北,自立晚報出版部
◆謝國興,《官逼民反——清代台灣三大民變》,1993,台北,自立報系出版部
◆張菼,《清代台灣民變史研究》,台灣銀行台灣研究叢刊104。
◆劉妮玲,〈游民與清代台灣民變〉,載《台灣風物》32卷1-2期。
◆錦繡出版社編輯部,《台灣全記錄》,1990,台北,錦繡出版社。
◆林偉盛,〈清代台灣分類械鬥發生的原因〉,收於張炎憲等編《台灣史論文精選》,1996,台北,玉山社。
◆丁光玲,《清代台灣義民研究》,1994,台北,文史哲出版社。
◆孔立等著,《清代台灣史研究》,1986,廈門大學出版社。

20 吳沙入墾噶瑪蘭

1796年，吳沙帶領1000多名的漢人流民，進入蘭陽平原開墾。

清廷統治台灣達211年，雖然行政區的劃分有所變革及增新，但是在前一、兩百年間，許多原住民區根本還是清廷「政教不及」的「化外之地」。蘭陽平原便是其中的一個地方。直到18世紀末葉，台灣的西部平原及丘陵區大致已完成拓墾，但是今天的宜蘭地區，卻仍是原住民自由活動的地區，清廷無心管轄及此。所以嚴格說來，此時的宜蘭地區，還沒有正式被納入大清帝國統轄的領土內。直到1812年（嘉慶17年）8月，滿清政府才在宜蘭設置噶瑪蘭廳，正式將宜蘭納入版圖。宜蘭被納入清帝國的正式版圖，與1796年以後吳沙率領漢語族移民入墾蘭陽平原，有著密切的關係。

今天的蘭陽平原在漢人勢力尚未入侵之前，原本是平埔族原住民中的噶瑪蘭人的天地。文獻記載噶瑪蘭（也稱「蛤仔難」，因其閩南語讀音接近）有36社，其人口到了19世紀初約有一萬多人。在吳沙尚未進入蘭陽平原之前，噶瑪蘭人曾經遭遇零星的外力入侵，例如：在1563年，據說曾有著名海盜（華寇）林道乾佔領蘇澳一帶數月，後因水土不服離去；殖民北台灣的西班牙人，曾經於1632年來到三貂角傳

教，試圖進入蘭陽平原，但屢遭噶瑪蘭人的抵抗，所以無法完全順利掌控蘭陽平原；1768年（乾隆33年）有漢人林漢生召漢移民入墾，被原住民殺害。之後雖仍有漢人想入蘭陽開墾，都不得結果。過去，要越過三貂嶺進入噶瑪蘭的天地確實是要冒很大的風險，很難想要回來見妻小。怪不得以前台灣俗話說「爬過三貂嶺，不想厝裡的某子」。只有一些零星的社商、「番割」（懂原住民語，與原住民進行交易的漢人）來往於漢「番」之間進行「番產」生意，但這些人往往以原住民不懂貿易，個性憨直，而佔其便宜。

直到1796年（清嘉慶元年），吳沙帶領1000多名的漢人流民，進入蘭陽平原開墾，為宜蘭的開發史立下了新的里程碑。然而站在原住民族的立場，他們是一群外來入侵者。台灣史學者張勝彥指出：「從康熙以來，歷經雍正、乾隆、嘉慶乃至光緒年間，漢人佔有土著土地之行為，均極為盛行，而其手段有以潛占、霸占以及公然佔有，也有用集體暴力佔有，例如吳沙在宜蘭，黃林旺、陳大用、郭百年之在埔里，就是用暴力侵佔土著地的具體事例。」

吳沙是福建漳浦人，1731年（清雍正9

吳沙畫像

年）生，1773年（乾隆38年）移民來台，定居北部三貂嶺，與該地噶瑪蘭族的三貂社原住民進行「番產」的交易生意。乘通商之便，越過三貂嶺觀察蘭陽平原地勢，而有意加以開發。他與「番割」許天送、朱合、洪掌等人共謀開墾蘭陽平原，開始招募漳州、泉州及客家三籍的流民準備入墾，並商得淡水的富戶柯有成、何繽、趙隆盛等人的出資，終於在1796年（嘉慶元年）開始行動。66歲的吳沙，率200多名的「民壯」（鄉勇壯丁）為前導，偕同23名通噶瑪蘭語的人，隨後為三籍的漢人流民，共約1000多人，於這一年的秋天分批越過三貂嶺，首先進入噶瑪蘭（蛤仔難）北部的烏石港，築土圍為基地，開始開墾。這是他們開墾的頭一站，稱為「頭圍」，即今天的宜蘭縣頭城鎮。

吳沙率領漢人入墾蘭陽平原北部後，立刻引起原住民的恐慌，原住民終於強烈抵抗，戰鬥非常激烈，雙方都有死傷，吳沙的弟弟吳立陣亡。吳沙知道武力無法制服土著，乃率領漢移民暫時退回三貂嶺觀望，一面派人遣送土著俘虜回去，並對原住民謊稱，海盜即將來襲，他們是奉官命前來抵抗海盜，屯兵於此，不是要佔地，而是要保護原住民，戰鬥因此稍告平息。適巧，此時原住民區流行天花傳染病，病死多人，吳沙贈以醫藥，救活百餘人，原住民非常感激，雙方的對立逐漸化解，原住民甚至還獻上部份土地給吳沙。吳沙獲得土著的信賴後，遵其風俗，埋石立誓，立下互不侵擾誓約。

吳沙率領移民返回頭圍，許多漢人也聞風而來，參加開墾。吳沙怕官府怪罪，於是向淡水廳（廳治設在今新竹）申請開墾執照。淡水廳頒給他一個「吳春郁義首」的戳印。吳沙乃進一步召佃農，立鄉約，徵租穀，伐木築道，沿山各設隘口，共設了11所隘寮，募丁壯駐守，稱為「民壯寮」。漢人的勢力逐漸加強而穩固，如此一

宜蘭頭城鎮遺留的石城遺跡。

來，原住民想翻身抵抗就不容易了。此後，雙方雖無大衝突，但原住民仍採敵對態度，因此小衝突仍時常發生。

吳沙入墾頭圍的兩年後（1798年，嘉慶3年）積勞成疾病逝，時年68歲。他的姪子吳化繼續領導移民開墾。他們以頭圍為據點，繼續向南拓墾。漢人每開發一處，即築土圍以防堵原住民「入侵」（應該說是「反入侵」），所以繼「頭圍」之後，陸續有二圍、三圍、四圍、五圍的地名出現，五圍即今天的宜蘭市。此外，漢移民開墾採結首制，所以宜蘭地區有許多「結」字的地名，如一結、二結、三結、四結、五結、金六結等，乃是依據拓殖團體的結首分段之數，或依其順序得名。

由於漢語族移民陸續湧入蘭陽平原，墾地逐漸不夠分配，1802年（嘉慶7年），有福建漳州人吳表、楊牛、林碩、簡東來、林膽、陳一理、陳孟蘭，泉州人劉鐘，廣東人李先等九人，號稱「九旗首」，共同率領漢移民1816人進攻五圍（今宜蘭市）一帶的噶瑪蘭人，將他們趕走，佔領其土地後，加以平分。漢人的勢力愈來愈大，部份噶瑪蘭人被迫遷徙他處另謀生路，例如19世紀中，蘭陽溪南的加禮宛社等平埔族，便遷徙到花蓮、台東去。沒有遷離的，只有日漸與漢族混合同化。今日的宜蘭人具有較多的南島民族血統，理由很簡單，因為漢人進入蘭陽平原較晚，而吳沙帶來入墾的漢人多為男性。今天宜蘭人口音中鼻音特重，可能是噶瑪蘭語轉化漢語過程中殘留的痕跡。

原住民除了受到漢族移民的侵墾之外，漢族移民的漳、泉、客三籍之間也屢次因土地分配問題而發生大械鬥；而19世紀初，從台灣西部遷徙到蘭陽平原的部份平埔族（包括道卡斯族、巴則海族、巴布薩族、和安雅族等）約千餘人，也介入此地的漳泉客大械鬥。這個逐漸拓墾的社會，顯現出相當不穩定的移墾社會的特質。

經過多方官員及學者的建議，清廷才於1812年（嘉慶17年）在宜蘭設「噶瑪蘭廳」，正式將宜蘭納入清帝國版圖。1875年（光緒元年）改為「宜蘭縣」。

【基本參考資料】
◆張勝彥，《台灣史研究》，1981，台北，華世出版社。
◆廖風德，《清代之噶瑪蘭》，1982，台北，里仁書局。
◆王詩琅，《台灣歷史故事》，1999，台北，玉山社。
◆黃俊平，〈歌仔戲之外—淺談南島系台灣人的歷史變遷〉，載《台灣世紀》第2期，1997.7，世台會。

21 西螺三姓大械鬥

1860年代，西螺、二崙、崙背一帶爆發廖、李、鍾三姓大械鬥，
經歷三年才平息，是清代規模最大的一次分姓械鬥。

　　早期台灣的開墾皆由漢人自己努力，
清政府採消極放任態度。渡台開墾的移
民，來自不同原鄉，因語言、風俗、習慣
等差異，自然形成各籍分類聚居、依籍貫
劃分地盤的現象。又因台灣河川多東西走
向，形成天然障礙，南北交通不便，許多
地方的開發，皆依大陸對渡口岸為主，所
以來台的漢移民及其後裔，仍抱持著原鄉
祖籍的認同，難以形成台灣全島的意識。
現代的台灣人，一提起「台灣」，腦中可能
隨時會浮現出一幅台灣地圖，可是這種台
灣地圖的印象，在清據211年期間，絕大部
分台灣住民的腦海中，是不曾出現過的，
因為他們終其一生根本不曾看過台灣地
圖。

　　這些沒有台灣全島意識，卻分別帶著
不同的「原鄉認同」來到台灣的移民（及

十九世紀中葉，漳州
人與泉州人械鬥時的
防禦工事。

其後裔），由於
生存競爭，遂發
生磨擦，進而衝
突群鬥。衝突的

類別很多，有的是閩南人與客家人鬥；閩
南人中，又有漳州人和泉州人的衝突；泉
州人中，又有同安人和惠安、南安人火
拼；或是某姓和某姓又打起來了，這庄和
那庄又拼起來了，不同的樂團也鬥起來
了，甚至同職業之間也有火拼。這種群
鬥，即所謂「分類械鬥」。

　　當時的台灣社會，往往因「分類」而
械鬥，也因「械鬥」而更「分類」，例如，
「南北兩路沿海則泉人為多，近山則漳人為
眾。每遇分類械鬥，漳人插居沿海者亦搬
入內山；泉人附居近山者，亦移徙海濱。
漳山泉海，各自聯絡一處。」連莊拼鬥的
結果，往往不只是打群架而已，有時候還
設築砲台對壘，幾乎與戰爭無異。有時候
一打起來，一波接一波，數月不止，甚至
還有打三年的紀錄。

　　分類械鬥的原因，除了基於原鄉地域
的族群認同之外，最根本的癥結在於經濟
因素。這些移民初墾時，各籍移民相離甚
遠，後來地利日墾，墾地漸近，開始因田
地、水利、地租……等現實生活利益而起
爭執。也有因為職業利益的爭奪而衝突
的。爭執衝突一久，嫌隙日深，最後卻連
一些偷雞摸狗、賭博爭注等小衝突，也會

引發成大械鬥，甚至還有因婚外情而起械鬥的。

　　清據台灣的211年間，台灣社會發生過60多次的分類械鬥，充分顯現當時台灣是個相當不穩定的移墾社會。信手舉些分類械鬥的案例如下：1750年（乾隆15年）諸羅李光顯案，雙方因爭奪墾土而衝突；1782年彰化莿桐腳（在今雲林縣），漳州人與泉州人因在賭場爭換銅錢發生爭執，引發漳泉兩村的大械鬥，清廷調兵渡台才告平息；1797年（嘉慶2年），吳沙死後因土地分配問題爆發噶瑪蘭（宜蘭）的漳、泉、客三籍的大械鬥；1806年2月底漳州籍民兵在鹿港與樵轎夫發生衝突，演發成大規模械鬥；1809年4月，大甲溪泉州籍民眾搶割漳州籍農民稻穀，引發漳、泉械鬥；1815年，台灣縣府城大西門外（今台南市西區水仙宮附近）的挑伕，因畫分地盤、包攬挑貨工作，互爭利益引發械鬥；1830（道光10年）8月，噶瑪蘭挑伕林瓶等糾股鬥殺，引發兩家伕行械鬥；1853年（咸豐3年），因為爭奪淡水河上主要商業碼頭的利益，碼頭力伕發生口角，引發八甲街（艋舺東）的泉州籍同安人聯合漳州人（同屬「下郊」）攻擊泉州籍的三邑人（惠安、南安、晉江三籍人，屬「頂郊」），即俗稱的「頂下郊拼」；1859年9月，以艋舺（今萬華）的泉州人為首，淡水河岸的新莊、港仔嘴、和尚州（今蘆洲）、加蚋仔等地的泉州人相繼參與，和居住在枋寮、土城、士林等地的漳州人發生慘烈火拼，加蚋仔庄被毀。

　　這些層出不窮的械鬥，以發生於1860年代（同治初年）的西螺三姓械鬥規模最大。在今天濁水溪南岸雲林縣境內的西螺、二崙、崙背等三個鄉鎮一帶，分佈有廖姓、李姓、鍾姓村莊。其中李姓、鍾姓分佈於今天崙背及二崙鄉一帶，人丁昌盛，財勢較大，素以大姓自豪。而分佈於西螺的廖姓村落，貧農較多，平日節儉樸素，每逢迎神賽會，均不鋪張，卻常遭李姓、鍾姓村民恥笑挖苦（台灣人當中，確實有一項「驚人會，笑人儭」的醜陋性格）。事件的發生，起因於有李姓的村民李龍溪的兒子，放馬偷吃附近廖姓村民廖雀的稻子，廖雀的兒子一氣之下，以鐮刀殺傷李龍溪的馬，李龍溪遂將廖雀的兒子綁去，挖掉其眼睛，並且遇到廖姓村民，就藉故生事，欺負廖姓村民。廖雀不甘示弱，也將李龍溪的兒子綁來，也挖掉其眼睛（真是「以眼還眼」）。鍾姓族中有一武秀才，是李龍溪的姻親，據報後聲明要替他外甥復仇，糾集族人來助李龍溪，合攻廖雀。廖雀挺身而出與李姓、鍾姓對抗，戰火逐漸延及西螺全街的廖姓，連袂起來對抗鍾、李二姓。戰火愈打愈烈，雙方都設有砲台對壘。當戰火初啟時，廖雀一面

苗栗竹南鎮中港慈裕宮古碑—勸中壘和睦碑，即禁止分類械鬥碑。

抵抗，一面向彰化縣抗告李龍溪擁鍾械鬥，要求派兵鎮壓，但縣府看雙方聲勢浩大，卻裹足不前。這次械鬥，前後經過三年，殺人毀莊，最後鍾、李戰敗，縣府才派兵逮捕李龍溪，將之就地正法。廖雀也同遭追究，亦被處死刑。

清代台灣社會的分類械鬥如此頻仍，有人以台灣俗話「台灣人放尿攪沙燴結堆」，來表示台灣人不知團結。然則當時的住民果真不知「團結」嗎？非也，如果觀察爭鬥的雙方，我們發現他們各自的內部其實是相當團結的，原來，這不是「團結與否」的問題，而是「身分認同」的問題。由於他們所認同的，僅限於自我族群、原鄉地緣、宗姓血緣，或地方村莊等而已，而還沒有形成台灣的整體意識，所以，以「台灣人放尿攪沙燴結堆」來敘述他們，並不貼切，因為他們還未有「台灣人」的感覺。

清代台灣社會的分類械鬥，一直到末期（光緒年間）才漸趨平息，械鬥平息的原因有以下數端：其一，漢移民的祖籍原鄉認同在相傳數代之後必然逐漸淡化，誠如台灣俗諺說的：「金門不認同安，台灣不認唐山」，移民的後代不再是移民，而都逐漸本土化，使得械鬥的「分類」基礎逐漸模糊，對上一代或上兩代的恩怨漸漸淡化而不感興趣。再者，新的移民不斷進入台灣，使得原先互相對立的舊移民之間的衝突因面對共同的挑戰而淡化（但也可能產生新舊移民之間的新對立，而這種衝突，最後仍是以相同的模式趨於淡化）。或者因為新的統治者日本來了，也讓「分類」的雙方因共同面臨新的外來力量，產生相近或相同的命運共同感，而減少對立。到了日治時代，因為全島交通網絡形成而逐漸產生全島一體的台灣意識，過去閩客漳泉的分類，縱使在一些人的心中仍有陰影，也很難浮出抬面而形成械鬥，更何況日本近代化的政府組織、行政系統、司法機關與警察機構的建立，豈容許過去那些「仙拼仙，拼死猴齊天」般亂無章法的械鬥繼續存在下去？

【基本參考資料】
◆台灣史蹟研究會編印，《台灣史話》，1975。
◆廖風德，〈清代台灣社會的暴力衝突—以噶瑪蘭地區為例〉，載《政大歷史學報》第1期，1983.3。
◆孔立等著，《清代台灣史研究》，1986，廈門大學出版社。

22 戴潮春事件

1862年，中部地方巨富戴潮春率八卦會會黨民眾舉兵抗清，席捲台灣中部，是清代抗官民變中歷時最久者。

清咸豐末年，台灣中部地區有一個會黨叫做「八卦會」，是一個具有反清民族意識的地下組織。1862年，彰化地方領袖戴潮春，運用這個組織發動了一次大規模的抗清行動，是繼康熙時代的朱一貴事件、乾隆時代的林爽文事件之後的第三大民變。

戴潮春字萬生，彰化縣四張犁（今台中北屯）人。為地方上的巨富，世代擔任北路協署稿書（書記）。然因戴潮春不滿北路協署副將夏汝賢向他勒索，於1861年辭職回家。戴潮春糾集「八卦會」舊黨徒，以維持地方安寧為名，在地方上辦理「團練」，這種「鄉勇」的地方治安力量，在清朝體制上是被允許的。但是，由於會眾在數月之間增加數萬人，份子良莠不齊，其中發生有違法情事，1862年（清同治元年）3月，台灣兵備道孔昭慈到彰化緝捕八卦會總理洪某，就地處決，並令淡水同知秋日觀，嚴辦會黨。於是八卦會黨員乘機蜂起，擁戴潮春為首領，正式舉兵抗清。

這個抗清的會黨，「設香案三層，謂花上供五祖[即108少林僧中僅留的5個僧人]，中置潮春祿位，冠以奉天承運大元帥之號，旁設一几，以朱一貴、林爽文為先

賢而配之，入會者為舊香，跣足散髮，首纏紅布，分執其事，凡入會者，⋯⋯授以八卦隱語，會眾相逢，皆稱兄弟。」

4月，戴潮春率領八卦會的會眾，正式舉兵抗清，首先攻佔彰化縣城，入城時，戴潮春頭戴黃巾，身穿馬褂，前呼後擁，騎馬進城，出示安民，命令蓄髮；設賓賢館，禮待縉紳，以收人心。茄拔、大肚、牛罵頭（今清水）、葫蘆墩（今豐原）、北投、大甲等地，相繼響應。戴潮春開倉放糧，得到更多農民支持，隊伍更擴大。5月中，戴潮春議取嘉義，自封為東王，並封林日成為南王，7月擊退清軍於斗六門，乘勝南進，攻陷嘉義縣城，並聯合高山族打敗總兵林向榮。

戴潮春起兵之初，提出「連和二屬」「協衷共濟」的主張，「二屬」指的是漳州人及泉州人。過去每有抗清行動，閩客漳泉常因分類對立而被清政府分化利用，「泉人倡亂，則漳屬起而攻泉；漳人倡亂，則泉屬起而拒漳；粵之於泉漳也，亦然。」（林豪，《東瀛紀事》卷上）朱一貴起事時，原本閩、客籍人民齊響應，後來卻演變成閩客械鬥，南部客家人轉而協助清軍作戰；林爽文之役時，以漳籍人為抗清主

體，結果泉籍人反成爲清政府的「義民」；陳周全抗清時（1795年），反抗軍主要是泉州籍，而漳州籍則協助清軍鎮壓。滿清政府利用台灣這種閩客漳泉的族群對立，加以分化反抗勢力，大大削弱了人民反抗鬥爭的力量。戴潮春有鑒及此，爲避免悲劇重演，因此強調「二屬不相欺凌，方可協衷共濟，庶免分類之變」。戴潮春本身屬漳籍，所以在行動上，他注意吸收泉籍和客籍人參加領導集團，以爭取二籍人民的支持。然而，戴潮春本人雖有此認識，但是眾將領中族群對立的意識已深，一些漳籍將領在行動中仍有不尊重泉籍人利益之舉，「連和二屬」「協衷共濟」的主張並不能貫徹，一部份泉籍將領相繼離去，投向清軍。民間漳泉對立的族群意識仍深，在幫清朝鎮壓反抗軍的「義民」中，泉州籍也漸漸多起來，清政府的分化作用還是奏效。當戴潮春去攻打泉州人密集的鹿港時，泉州人堅守抵抗，雙方對峙不下，使得官兵能從容佈置反攻，並獲得泉州人各庄的協助，阻止戴潮春反抗軍的南進。

台中北屯區四張犁民房內所供奉戴恩公神位，即戴潮春的香位及其遺址。

1863年，清廷命令出身台灣霧峰林家的福建陸路提督林文察、台灣兵備道丁日健率大陸清軍渡台鎮壓，並得竹塹（今新竹）士紳林占梅的鄉勇配合會師，收回彰化縣城。戴潮春棄城退入四塊厝庄，反抗軍的勢力逐漸潰敗。1863年底，中部各庄反戴，清軍反攻斗六門，戴逃入武西堡，見大勢已去，遣散餘黨，自雇轎子出去北斗投案。審訊中，回答丁日健所提「爲何率眾造反？」的問題時說：「這是本藩一個人起意，與百姓無關」，因拒絕向丁日健下跪，當場被斬。

戴潮春出首後，他的許多餘黨林日成、洪從、嚴辦、呂梓等，仍分散各地繼續抵抗，直到1865年（同治4年），才全部被清軍平息，事件前後歷時4年。

戴潮春抗清事件中，有一現象值得一提，那就是婦女扮演著相當勇武的角色，許多將領的妻子參加戰鬥，英勇不讓鬚眉。例如：陳弄妻妾數人「皆猛悍勝男子，與官兵戰，無役不從，在陣頭指揮，勁不可抗」，當戰況不利時，陳弄本人打算投降，其妻勸阻說：「今日雖降，難免一死，與其俯首受戮，何如悉力抗拒？」她並親自引領反抗軍衝殺，用短槍打死東勢的「義首」羅冠英。她與將領嚴辦的妻子都有「百折不撓之慨」「每遇敗陣，必親統死士殿后」，她們的英勇，使得許多將領的妻子們起而效尤；在嚴辦的隊伍內，「同時有女將甚多，皆驍勇勝男子」；呂梓之妻與清軍「抗拒甚力」「素親臨陣鏖戰，勇悍過男子」；保駕將軍鄭大柴陣亡，「其妻謝秀娘稱爲夫報仇，屢攻寶斗街」；王新婦戰死後，他的母親招集王新婦的部屬

參加嚴辦的部隊，為子報仇，作戰時，「挺十八斤長刀作旋風舞，壯士二十人不能近」（以上引文見《東瀛紀事》《戴案紀略》等）；林日成的妻子蕭氏，在官兵前來圍捕之前，以火藥桶環圍門口，待官兵到達時，親自將火把擲入火藥桶內，壯烈犧牲……，這類事蹟在史料中屢見不鮮，是台灣眾多民變中一個相當特殊的現象。

【基本參考資料】

◆蔣君章，《台灣歷史概要》，1970，
◆謝國興，《官逼民反—清代台灣三大民變》，1993，台北，自立報系出版部
◆劉妮玲，〈清代台灣民變研究〉，1983，台灣師大史研所碩士論文。
◆台灣史蹟研究會編印，《台灣史話》1975。
◆孔立等著，《清代台灣史研究》，1986，廈門大學出版社。
◆張茨，《清代台灣民變史研究》，台灣銀行台灣研究叢刊104。
◆翁仕杰，《台灣民變的轉型》，1994，自立報系出版部。

23 台灣開港

1860年，閉關自守的滿清帝國被英法等國的條約所迫，終於在台灣開港通商，台灣海洋文化的根性，又再一次獲得舒展的機會。

　　滿清政府因消極治台，台灣之發展主要是靠民間的努力。又因清國係大陸封建古國，閉關自守，不重經貿，台灣原本自荷蘭以降的海洋經貿特色，因此大減。東寧王國時代已經很暢旺的國際貿易，至此明顯萎縮。過去台灣做為遠東貨物集散中心的地位，也大大跌落。這是「海洋台灣」被「大陸中國」併吞之後的必然結果。

　　不過，由於移墾的影響，造成台灣和中國大陸之間有著區域分工的專業生產傾向，即台灣的生產以農產品為主，手工藝品很少，因此必須向大陸沿岸各地輸出農產品以換取手工藝品。這種供需關係，自然促使台灣的商業仍然發達。只是，台灣的商業發展，由過去的國際貿易轉變為區域貿易，台灣的商業根性，仍在與中國大陸之間的區域性貿易中，蠢蠢欲動。18世紀二〇年代興起於府城台南的「郊商」，便是最好的說明。

　　「郊」是「行郊」（或稱「郊行」）的簡稱。「行」即行商，通常指的是批發商，「郊」是某一種行商為謀共同利益的組合，以便同業互相扶持，類似今日的商業同業公會。不同的是，「郊」除了經售同種類的貨物之外，有的也以交易港口為團結中

心，所以「郊」的性質大抵有兩大類，一類是屬於一般同業公會的「郊」，如布郊（經營布業生意的行商的組合）、糖郊、油郊、藥郊……；另一類是專屬貿易船運業，如泉郊（專跑泉州的船行的組合）、廈郊（專跑廈門的船行組合）。

　　若以船運業的同業公會來看，1720年代台南一帶的「郊」分為「北郊」、「南郊」及「港郊」三類。北郊係配運上海、寧波、天津、煙台等北方港口者，約有20餘家；南郊指配運金門、廈門、香港、漳州、泉州等南方港口者，約有30餘家；港郊則以台灣各港（如東港、旗后、鹽水港、林子腳、滬尾等）之採糶為主者，採購米糖，交給南北郊去出口，或向南北郊

蔗糖是台灣重要的輸出物資，圖為蔗糖種植情形。

日據時代的淡水港一景。

購買進口貨轉售台灣本島，約有50餘家。
這三種郊合起來，共有一百多家，每一家
之下又有許多船行，可見1720年代台南船
運業及商業的發達盛況。

到了1770年代，郊行在鹿港也開始急
速興起；至1790年代，則發展到艋舺（今
萬華）、新莊一帶。所以俗諺說「一府二鹿
三艋舺」，多少說明著這種商業發展由南移
北的進程。

因爲台灣社會具有濃厚的商業特性，
所以台灣一直是西方國家覬覦的對象。
1840年，英國以大砲打開清帝國閉關自守
的門戶，爆發鴉片戰爭，也乘機試圖侵犯
台灣，英國的船隻曾抵雞籠，與清兵發生
過衝突。鴉片戰後，英人屢次窺伺台灣洋
面，1847年有英國海軍少校Gorden率艦到
雞籠（今基隆）調查煤層。1850年，港都
兼駐清國公使Bonham提出開採雞籠煤炭的
要求，爲清廷所拒，轉而要求更改通商口
岸，他們認爲南京條約（1842）所定五口

通商中的福州港不理想，虧損
甚多，想另換台灣地方開港通
商。清朝政府對此採取「斷不
可行」的原則，命令台灣地方
官吏要「團結民心」使之「無
可覬覦」，當時，台灣兵備道
徐宗幹還訂有〈全台紳民公
約〉，其中明訂「不設通商口
岸」「不准夷人登岸」「台灣非
該夷應到之地」。

美國也對台灣的利權和地
理位置感到興趣。美商人
Giedon Nye Jr.因其兄在台海遭
船難前來台灣調查，於1853年給美國駐清
國代理公使Peter Parker的信中，要求美國
派員偵查台灣，並將台灣南部、東部佔爲
己有，Parker將此意見轉給美國政府。翌
年，曾經打開日本門戶的美國艦長Perry，
派員率艦隊來台調查，從事礦產勘察，並
測量雞籠港的港灣地勢。Perry回國後，與
Parker一致主張佔領台灣，他在向美國政
府的報告中強調：中國的治權並不包括台
灣全島，台灣東部大部分爲土著所有，美
國如佔有雞籠，不致引起華人的反對。另
外還有曾出任寧波領事的Townsend Harris
則主張美國將台灣買下來。

打完鴉片戰爭之後的滿清帝國，並沒
有從國際交涉中了解國際外交知識，結果
又讓英國、法國逮到機會，引發了1858
（咸豐8年）年及1860年的兩次英法聯軍之
役，先後訂下了「天津條約」和「北京條
約」。與北京訂約的國家包括英法美俄。英
美俄三國均提及台灣通商，法國的天津條
約則正式列入台灣（指的是安平）淡水通

製造樟腦的腦寮

商條件。有了國際條約的規定，清廷終於被動在台灣正式開港。閉關自守的清國，視開港如割肉，當然不願多開港口，法國一位駐福州的稅務司De Meritensm於是作了彈性解釋，他說港口分成「正口」和「子口」，合起來只有一港。淡水為正口，雞籠（基隆）是淡水的子口；安平為正口，打狗（今高雄）為安平的子口，合起來只有兩個港，沒有多開。如此彈性解釋，使得原來二港實際上變成四港。開港通商，原本對台灣有益無害，可是這個封建大陸古國的清朝政府，卻讓外國人以哄騙小孩的方式來多開港口，簡直可笑。

1859年7月，英國首任駐台領事Robert

Swinhoe由廈門乘艦抵達打狗（高雄），轉至台灣府（台南），有感於該地衛生不佳、秩序不良，安平港設備不足，而淡水則逐漸成為北部樟腦、茶葉、煤礦的輸出港，於是決定將領事館遷到滬尾（淡水）。今天淡水的紅毛城，就是當時英國的駐台領事館所在地。英國人進入淡水，又發現艋舺是貿易中心所在，乃擴大解釋「淡水」開港的範圍應包括淡水河口沿岸各地，艋舺、大稻埕等重要商區也當然包括在內。

1862年（同治元年），淡水正式設海關通商，其他各港也設關通商。淡水為本關，雞籠、安平及打狗三口則為分關。

台灣正式開港通商後，各國商船紛紛隨之而來，聞風而來要求通商的國家，幾乎包括當時歐美主要國家，除英國、美國之外，還有德國、葡萄牙、荷蘭、西班牙、比利時、義大利、丹麥、日本、澳大利亞、祕魯、巴西等。尤其是淡水港，更加繁忙起來了。

台灣貿易又迅速擴張起來，糖原本有國際市場，樟腦更是獨特商品，茶也後來

清據末期的淡水河邊的大稻埕碼頭，採自 James W. Davidson," The Island of Formosa Past and Present"

從淡水河上看大稻埕，採自 James W. Davidson," The Island of Formosa Past and Present"

居上。此時臺灣主要出口的大宗便是糖、茶、樟腦油，是世界主要產地及輸出地之一，尤其在人造樟腦出現以前，台灣出產的樟腦曾佔世界總產量的70～80％。由於崛起的茶和樟腦的主要產地在中北部，因此台灣的經濟重心也因此逐漸由南往北移，進而也帶動政治中心的北移。在1884年以前，南部的貿易額仍高於北部，但1884年以後，北部的貿易總額反而成為南部的兩倍，台灣北部實際上已成為經濟上的重心。

台灣的出口在1870年代以後增加很快，此期間除1881~1883年以及1889年、1891年三次受到世界不景氣影響，略有減少之外，一直都快速成長，貿易順差幅度逐年擴大，出口長期保持進口的一倍多。1868~1893年的25年間，出口增加10.5倍。出口地區主要銷到歐美、日本、華北以及澳洲等地。

1860年代及70年代之間，大批外商湧入台灣，這些洋商帶著商業資本（不是產業資本）到台灣開辦商館或洋行，從事貿易，大稻埕商區因此更加繁榮。北部的洋行主要收購茶葉和樟腦，南部則以砂糖為主。糖、茶、樟腦業三部門的農業，隨著出口外資的增長而加速其產量，進而促進農業的商品生產以及整個台灣社會商品經濟的發達。總之，清末期的台灣經濟，雖然是在英國控制下的半殖民地農業社會，但是透過外商和外貿的衝擊，也興起了社會經濟一定程度之快速成長。

貿易發展的結果，使得在原本苦於貿

戎克船是河川上重要的交通運輸工具。

易逆差的清國境內，台灣成爲唯一貿易順差的地區。當時台灣的進口品，竟然以鴉片一項爲最，如果台灣人不感染這項中國舊文化的陋習，無須以毒品爲進口大宗，則台灣的貿易成績當更可觀。足見台灣的海洋文化性格，如果能夠擺脫大陸文化的羈絆，眞是海闊天空。

【基本參考資料】
◆戴寶村，《清季淡水開港之研究》，1984，台灣師大歷史研究所專刊。
◆戴天昭著，李明峻譯，《台灣國際政治史》，1996，台北，前衛出版社。
◆賴永祥，〈淡水開港與設關始末〉，載《台灣風物》26卷3期，1976.9，台北。
◆劉進慶，〈台灣經濟屬性之探討〉，1988.6. 29香港大學The Center of Asian Studies主辦International Conference on Taiwan's Economy, Histroy, Literature and Culture論文
◆黃富三，〈「台灣問題」的歷史淵源〉，1988年12月29，廿一世紀基金會主辦「公共政策研討會」論文。
◆周憲文，《台灣經濟史》，台北，台灣開明書局，1980。
◆溫振華，《淡水開港與大稻埕中心的形成》，載《師大歷史學報》第6期，1978年5月。
◆林滿紅，〈貿易與清末台灣的經濟社會變遷〉，收錄於黃富三·曹永和主編《台灣史論叢》第一輯，1980，台北，眾文圖書公司。

24 近代西教與近代醫學入台

1860年代台灣開港後，基督教也隨之再度傳入台灣。南部有英國長老教會馬雅各醫師等人的佈道；北部則有加拿大長老教會的馬偕牧師的宣教。他們的佈道配合著醫療與教育進行，分別在南北都建有近代化的醫院和學校，對台灣的近代化有相當的影響。

近代西方的船堅砲利，打開了閉關自守的東方門戶，打通了通商的管道，也為基督教打開一條傳播福音的道路。表面上看，「天國的福音」與「帝國的槍砲」齊飛，「基督的聖經」共「列強的商品」一色，但如果我們因此認定基督教傳入東方，完全是在替西方帝國主義鋪路，那就不免陷入絕對主義的單元價值中，而無法真切了解西教傳入東方社會所產生的作用與影響了。

台灣最早接受基督教的傳入，是在17世紀二○年代中期開始，當時佔領南台灣的荷蘭人在台南一帶傳播基督教，佔領北台灣的西班牙人傳播舊教（天主教），他們都有相當成果的傳教成績。不過，隨著西班牙及荷蘭退出台灣，西教的傳播也中斷了。東寧王國及清帝國統領台灣的大部分時間，西教一直沒有機會再進入台灣，只有在1714年（清康熙53年），天主教耶穌會傳教士J. B. Regis、Jos. de Mailla，和R. Hinderer三人曾奉康熙皇帝之命來台灣，測繪地圖，他們從雞籠（基隆）到南台灣，跋涉台灣西部達兩年之久，在台期間，曾經走訪荷蘭時代遺留下來的基督徒；1830年（道光10年），也曾經有荷蘭宣道會的德籍宣道師Karl Friedrich August Guetzlaffh取道澎湖來到台灣，分發基督教福音傳單及聖經，但為時很短；1859年（咸豐9年），也有西班牙屬地菲律賓的道明會派人到南台灣傳教。除此之外，在荷蘭人走後的兩

馬雅各

百年間，似乎很難找到西教在台傳道的足跡，直到台灣開港之後，西教在國際條約的保障之下，終於又有機會來到台灣。台灣開港之後，南北分別有英國蘇格蘭長老教會和加拿大長老教會致力於傳教活動，從而使長老教會成為基督教在台灣的主流教派。從文化傳播的觀點看，為台灣帶來新知識、新醫療、新教育，對民智的啟發與社會變革有其不可磨滅的影響。

1865年5月28日，醫學博士馬雅各（Dr. James L. Maxwell，1835-1921）正式受英國蘇格蘭長老教會海外宣道會所派，在打狗（高雄）登陸。與他同來的，還有

新樓醫院，民間稱之為「耶穌教醫生館」。採自莊永明
《台灣醫療史》。

杜嘉德（Rev. Carstairs Douglas）和威利
（Rev. Alexander Wylie）兩位牧師，以及三
位華人信徒吳文水、陳子路、黃嘉智為助
手。他們一行人來到府城（台南）西門外
的看西街租屋，並於1865年6月16日開始設
教行醫。最初10天，牧師與助手忙於佈
道，分發「真理單」，馬雅各醫師每天診療
50人次以上的病人。但當時官府與民間都
普遍有排外心理，馬雅各不久即遭反西教
人士的詆毀與抵制，說他挖出死人眼球和
心肝配藥施醫。結果暴民包圍馬雅各等人
的住處，向他丟石頭，官府亦下令他們離
開府城。馬雅各一行人只好撤退到打狗的
旗后（今旗津），在該地繼續佈道行醫，他
在旗后創設可容納8名病患的醫館，這是全
台灣第一間西醫院。他們在該地佈道行
醫，成績不錯，遂有高長等最初的4名信徒
（高長即高俊明牧師的祖父）。

1865年11月馬雅各醫師得英國商人必
麒麟（William A. Pickering）的帶領，進入
旗山附近的木柵、拔馬，及台南附近的噍
吧哖（今玉井）、左鎮、崗子林等平埔族原
住民區傳教，並設立教會。1867年並在埤

頭（鳳山）設教，但翌年發生英商必麒麟
的「樟腦事件」——他在非條約港梧棲買了
6000元的樟腦，被政府沒收——連帶埤頭的
教堂被拆毀，傳教者高長被官方監禁七週
才獲釋。「樟腦事件」最後經由英國以武
力解決，雙方達成協議，協議中包括訂有
「告示民眾嚴禁誹謗基督教」及「承認傳教
師在台灣各地有傳教居住之權」。

教會與教士雖然往往成為帝國主義的
代罪羔羊，但也經常因列強以武力為後盾
的通商條約而獲得保障。在樟腦事件之
後，馬雅各回到台灣府城（台南），將宣教
中心從打狗移往府城台南，積極在此進行
傳道及醫療工作。他在台南行醫的醫館，
創於1868年，即今天台南新樓醫院的前
身。返回台南的馬雅各，已能說一口流利
的福佬話（「台語」），求醫者日增，信眾也
漸多，不僅奠定長老教會在南台灣的基
礎，也開啟了台灣西洋醫學的黎明期。

此後，又有一位年僅30歲的學者牧師
甘為霖（Rev. Dr. William Campbell）於
1871年12月來台，前後在台傳教47年，是
澎湖及嘉義教區的開拓者，更是台灣盲人
福利之父。

1875年，又有巴克禮博士（Rev. Dr.
Thomas Barclay）來台，他一生在台工作60
年，是台南神學院創辦人，也是台灣話羅
馬字聖經的翻譯者。並且引進西式印刷
術，是台灣第一架新式印刷機。他並創刊
《台灣府城教會報》（1885年7月），是《台
灣教會公報》的前身。

1883年年底，余饒理（George Ede），
也來到台灣，並於兩年後創辦「長老教會
中學」，這是台灣的第一所中學，即今天的

甘為霖　　　　　巴克禮

長老教中學創立於1885年，是台灣最早的中學，為現今台南長榮中學的前身。

余饒理

（Rev. George Leslie Mackay），於1872年（同治11年）偕同同伴李庥（Rev. Hugh Ritchie）等人從打狗（高雄）搭船北上，於3月9日在淡水上岸。馬偕在自述記錄中說：「我舉目四處觀看中，遙望濃綠山嶺，心靈感到十分祥和，我知道這將是我的住所。有一種平靜而清晰的聲音對我說：就是此地了。」

1872年4月6日，馬偕在淡水獨自展開佈道工作。他首先遇到的問題是語言。雖然曾向李庥牧師或男僕學得一些福佬語

台南長榮中學。1887年，又有朱約安姑娘（Miss Joan Stuart）和文安姑娘（Miss Annie E. Butter）創辦「台南女學」，為今台南長榮女中的前身。

透過醫療與文化教育，基督長老教會在清朝末期的南台灣已開始播下種子。

至於北台灣的傳教，當以馬偕（偕叡理）為馬首是瞻。

加拿大籍的基督長老教會牧師馬偕

（俗稱台語），但仍不敷使用。有一天馬偕在山上看見一群小孩在放牛，於是便以掛錶吸引他們，每天用五、六個小時與他們一起玩、聊天，並把新字句都記下。五個月後，馬偕用福佬話完成第一次證道，之後更出版了一本《西台辭典》。

和南部的馬雅各一樣，馬偕經常遭受到此地排外民眾的羞辱，尤其在艋舺情況最烈。有一天，馬偕在傳道時，有一名暴

（上）馬偕
（右）馬偕替民眾拔牙，20多年中總共替人拔過21000多顆牙齒。
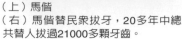

徒被慫恿拿著大刀衝上講台欲殺馬偕，但馬偕以鎮定和威嚴的眼神，懾服了暴徒。此人後來也成為虔誠的信徒。馬偕經歷了艋舺教會被拆毀、馬偕夫人的座轎被投擲火把等各種阻擾與羞辱，但他從不退避，反而因信仰而愈堅定。由於他全心的奉獻，艋舺居民對他的態度有明顯的改變。1893年，馬偕第二次回加拿大之前，居民特別邀請馬偕坐上華轎遊街，以隆重的樂隊、旗隊，熱鬧的鞭炮聲歡送他。

馬偕一面佈道，一面在當地從事牙醫醫療工作，因替當地居民免費拔牙，緩和當地百姓的敵意。據馬偕稱，在二十多年當中，馬偕親手拔過21000多顆牙齒。此外，馬偕又免費發放瘧疾特效藥金雞納霜，救治飽受瘧疾之苦的人，許多人知道了，都跑來拿這種大家通稱的「馬偕的白藥水」。馬偕在初期的診療所進行醫療工作，成績斐然，求診病患愈來愈多，到了1873年，他另外再租民房（淡水馬偕街8號

現址）做為醫館。一位外國商人的侍醫林格醫師（Dr. Ringer）響應馬偕救人濟世的義舉，特地到醫館來幫忙。1878年，一位葡萄牙水手於「醫館」內病逝，林格醫師為了查明其病因，解剖其遺體，結果在其肺部發現寄生蟲，這是全世界第一次在人體內發現「肺蛭蟲」。

1880年，美國底特律一名去世船長（也姓馬偕）的遺孀馬偕夫人，捐贈美金3000元，贊助馬偕在台灣的宣教事業，以紀念其夫，這份捐款誕生了北台灣最初的現代西醫醫院，命名為「滬尾偕醫館」（「滬尾偕醫館」在1912年隨都會發展遷到台北雙連，成為今日的「馬偕紀念醫院」）。馬偕的醫療工作與宣教工作一直相輔相成，許多原本排斥基督教、排斥馬偕的人，因為馬偕治好他們的病，轉而尊敬馬偕，進而成為基督徒。

除了醫療，馬偕也致力現代教育的推廣，為了辦學，他回故鄉牛津郡募款，總

滬尾偕醫館，立於門口者即馬偕。

淡水牛津學堂，為現今真理大學的前身，原淡水工商管理學院。（新聞局提供）

工，馬偕為了感謝家鄉牛津郡的居民捐款贊助，將該書院取名「牛津學堂」。當時牛津學堂所教的課，除了神學外，還有歷史、倫理、天文學、地質學、動物學、植物學、礦物學、生理學、衛生學、解剖學、醫藥、臨床實習、音樂、體操等，富有新式教育的特色，也是台灣最早的學院。（「牛津學堂」後來遷到台北，輾轉成為今天在陽明山腰的台灣神學院。牛津學堂的原址，後來發展成淡水工商專科學校、淡水工商管理學院，即今真理大學的前身。）

馬偕娶五股的台灣女子張聰明為妻，馬偕夫人突破傳統對女性的束縛，協助馬偕從事婦女傳教工作。鑑於當時歧視女性的惡習，馬偕於1884年又在牛津學堂東側創設台灣的第一所女子學校「淡水女學堂」，打破「女子無才便是德」的舊觀念，鼓勵女子受教育。第一屆共收了34名女學生，大部分是宜蘭地區噶瑪蘭平埔族。這所淡水女學堂即今淡江中學的前身。

馬偕曾於1873年首度前往噶瑪蘭地區訪問，並安排人手留下，以了解並照顧當地原住民的需求。1882年，馬偕再度率領

共募得6215元加幣。回台後，選定風景宜人的淡水砲台埔紅毛城的東北邊來蓋書院。1882年7月21日，「理學堂大書院」竣

淡水女學堂是台灣第一所女子學校,後來發展成淡江中學。

淡江中學

【基本參考資料】

◆鄭連明編,《台灣基督長老教會百年史》,1965,台北,台灣基督長老教會印行。

◆董芳苑,〈論長老教會與台灣的現代化〉,載《台灣近百年史論文集》,1995,吳三連台灣史料基金會印行。

◆賴永祥,〈基督教的傳播與台灣的現代化〉,收錄於《台灣史研究初集》。

◆陳永興,《台灣醫療發展史》,1997,台北,月旦出版社。

◆莊永明,《台灣醫療史》,1998,台北,遠流出版社。

◆張厚基,《長榮中學百年史》1991,台南,私立長榮高級中學印行。

◆戴寶村,〈駐台傳教一甲子—巴克禮〉,收錄於張炎憲、李筱峰、莊永明編《台灣近代名人誌》第二冊,1987,台北,自立晚報文化出版部。

◆戴寶村,〈燃燒自己奉獻台灣的傳教師馬偕〉,收錄於張炎憲、李筱峰、莊永明編《台灣近代名人誌》第一冊,1987,台北,自立晚報文化出版部。

學生由淡水出發進入蘭陽平原傳道,同時也促成成績優秀的原住民學生進入他所設立的淡水女學堂就讀。到了1888年,宜蘭地區共設立了34所教會。

1901年,馬偕罹患喉癌病逝,家人遵其遺言將他安葬在淡江中學後面的私人墓園。馬偕的一生,誠如他自己的敘述:

「我衷心所愛的台灣啊!
我把有生之年全獻給你,
我的生趣在此,
我衷心難分難捨的台灣啊!
我把有生之年全獻給你,……」

25 牡丹社事件

1874年，日本藉口54名琉球人在南台灣被原住民殺害，出兵攻打南台灣，爆發了牡丹社事件，事後改變了清帝國的治台政策。

　　同樣面對西方的船堅砲利，日本顯然比中華帝國有更深刻的覺悟。日本在幕府時代的末期，開始受到西方勢力的進逼，內部有一部分有志之士如吉田松陰、橋本左內、平野國臣等人提倡「尊王攘夷」，他們以大義名分為標榜的國體論—皇室中心論，不僅對內發揮了打倒幕府、建立統一國家的作用，為明治維新埋下伏筆，更進一步構成對外發展的理論基礎。他們認為非經略朝鮮滿州，不能保全日本國家的存立。日後參議陸軍大將西鄉隆盛、外務卿副島種臣等人提倡的「征韓論」實係同一思想脈絡，他們聲言必在東亞稱霸，而後始能與歐美諸國並肩。日本近代的軍國主義已然萌芽。1868年，日本開始推動明治維新，實行廢藩制縣的結果，過去諸侯們所豢養的武士失去優勢，因此對外擴張有助於解決他們的出路問題。而且，自幕末以來，日本內部紛亂不已，內戰頻繁，因此對外的征戰還可以轉移目標，避免內亂。在這樣的時代背景下，日本開始走上對外擴張的帝國主義之路。

　　觀察日本自明治以至於二次大戰，其對外擴張的路線，分為陸上及海上兩路線。陸路由朝鮮、進入滿州、華中，而入華南；海上則由琉球、台灣，繼而南向進入南洋。

　　明治天皇上台的7年後，1874年，日本終於發兵進入台灣。此次日本進兵台灣，與美國官員的慫恿與推動有關。而美國的態度，又因發生在1867年的「羅發號」船難事件有著關鍵性的影響。讓我們先從羅發號船難事件說起。

　　1867年（清同治六年）3月，有一艘美國商船羅發號（Rover，或譯「羅妹」）在屏東七星岩觸礁，逃生的10多人上岸後被原住民殺害，只剩下一名粵籍水手逃到打狗（高雄）告官。美國駐廈門領事李仙得（Charles Le. Gender）趕來台，欲入原住民區，台灣鎮總兵劉明燈以「生番兇悍，怕遭不測」為由加以勸阻，李仙得不聽，親率二艦往討，遭土著還擊，失利而回。台灣鎮總兵劉明燈恐美國再行大舉前來，乃與李仙得商議會討原住民地。8月13日劉明燈果然率兵500名進入瑯璚（恆春），陪同李仙得所率的美軍攻擊台灣原住民，苦戰至10月9日和談收兵。李仙得親入「番」地，威脅利誘，與南部的18「番」社大酋長締結條約，約定此後如有船難，由該土著妥為救護。這個條約經美國政府承認，

是正式的國際條約,而且是清朝大員陪同美國領事合討原住民所訂的,清廷方面也沒有否認。則清廷無異是否定自己對原住民區的統轄。由於李仙得有此次經驗,對台灣的原住民區更了解,回去之後化名寫了一本書——《Is Aboriginal Formosa a Part of Chinese Empire?》(台灣土著區是中華帝國的一部分嗎?)。他的答案當然是否定的。7年後,這種「番地無主論」,成為日本對台發動「牡丹社事件」的理論基礎,而李仙得也在清日交涉談判中擔任日方的顧問。

日本開始推動明治維新的3年後,也學西方開始派使到清國商談通商條約,1871年(清同治10年),又派使到清國簽訂修好條規、通商章程。就在這一年的10月,有66名琉球人發生船難,其中54名漂至南台灣恆春半島東岸八瑤灣附近,上岸後遭當地原住民殺害(殺害琉球人的原住民是高士佛社,不是牡丹社)。1872年3月,又有日本小田縣民4人,也在南台灣遇害,日本大譁。1873年日本全權特使副島種臣乘互換修約之便,特派代表向清國的「總理各

1874年5月22日,日軍在恆春附近的石門與原住民發生激戰,是為牡丹社事件中的「石門之役」。

國事務衙門」(簡稱總署)提出要求懲處台灣「番」民,並質問台灣的「熟番」「生番」經界如何。

到底日本有無權力過問琉球的事?按琉球原本是一個獨立的王國,不過自明朝朱元璋時代,即開始向明帝國朝貢(朝貢是小國與閉關自守的大國之間,一種具有實質意義的貿易方法,因為他們進貢土產之後,往往可以換回許多回賜品,所以有學者稱之為「朝貢貿易」)。但是到了1602年(明萬曆30年),琉球又向日本薩摩藩(今鹿兒島)諸侯朝貢稱藩。琉球因此同時成為兩國的藩屬,好像一女許嫁兩男,幸而這兩男長期沒有謀面,這種奇怪的現象竟相安無事達270多年,但是現在終於碰上了。自日本明治維新,力行廢藩以後,琉球在日本看來,既然是薩摩的藩屬,也在應廢之列,因此這次琉球民在台灣遇害,是日本向琉球下手的好機會,也是她南進發展的契機。

對於日本提出的要求,清國總署的大臣毛昶熙、董恂回答說:「生番殺害琉球民之事,我們已知道,但殺害貴國人,則還沒有聽說。但台灣、琉球均我屬土,屬土人民自相殺害,其裁決權在我,我國撫卹琉民,自有一定辦法,與貴國有何相干而煩代為過問?」日使則大爭琉球為其屬地,又陳述小田縣民遇害的詳情,並且進一步問:「貴國既然已知撫卹琉球民,為何不懲辦台番?」毛、董回答:「殺人的都是生番,只好置之化外,日本的蝦夷,美國的紅番,都不服王化,這也是各國常有的事。」日使說:「生番害人,貴國置之不理,我國有必要問罪島人,因與貴國

盟好，特先來奉告。」毛、董推托說：「生番係我化外之民，問罪與否，聽憑貴國辦理。」清廷又告訴居間協調的美國人說，原住民「政教不及，野蠻無主」。

清廷既然承認台灣「生番」「野蠻無主」，對於日本要興師問罪又是「聽憑辦理」，這是出兵的好機會。而居間協調的美國人，其實又在一旁推波助瀾。美國公使德洛克（C. E. De Long）極力慫恿外務卿副島種臣實行征台。他告訴副島說，台灣是一肥沃之地，有米、砂糖、芋、礦山等，久為外人所側目。清廷未能對全台行其統治，故可「取為所有」，美國不要他國之地，但「我國喜好友邦擁有他國之地而予以廣殖之正義」，如果日本出兵台灣，他們願意提供台灣海岸地圖，並極力予以援助，希望不要錯失攻台良機。德洛克並介紹其駐廈門領事李仙得給副島，做為諮詢有關台灣諸問題的顧問。德洛克也向本國政府報告說，他對於能使台灣朝鮮置於「同情西洋列國的國家之下」（指日本），深感滿意。

1874年3月，日本以大隈重信為總理、西鄉從道（征韓論者西鄉隆盛的兄弟）為都督，率領日兵3600多人，由三菱財團提供向美、英租來郵船各一隻，從日本長崎出發，向台灣開征，在今天屏東縣車城南方的社寮登陸。日軍首先死傷500多人，後來採迂迴包抄戰術，打敗原住民，佔領牡丹社（殺人的是高士佛社，牡丹社卻受罪）。日軍在該地建築營寨，並與居民簽租地合同，屯田闢荒，大有長居下來的樣子。

清廷得知消息，才知事態不妙，趕緊

牡丹社事件中擔任台灣遠征軍統帥的西鄉從道。

派船政大臣沈葆楨為欽差大臣，全權處理。沈葆楨調來部隊一萬多人，動用了各機器局所製造的軍器，以及福州船政局、招商局的船隻，來支援台灣的防備。一面派員通知日方撤兵，準備議和。

雙方議和在北京展開，日方代表柳原前光表示，琉球是日本領土，琉球人遇害，日本才出兵懲番，而台灣的番地並非中國領土，因為中國政權未達到番地，然而談判不果，日本改派大久保利通到北京交涉。大久保利通偕美國顧問李仙得，與清國當局辯論「番」界問題，兩月不決，後以歸國要脅，暗中託英公使威妥瑪（Sir Thomas Wade）出面調停，最後雙方互換條約議和。清國除了給撫卹銀十萬兩，建築賠償四十萬兩之外，最重要的是清國必須承認日本這次出兵台灣，是一項「保民義舉」。此項承認，等於承認琉球是日本的屬地。大久保在談判回程時，還經得清廷同意，在台灣南部琉球民遇害地點，立了一個墓碑，上面書寫：「大日本琉球藩民

（左）牡丹社事件結束後，日人在石門附近的統埔庄（琉球民遇害處）
　　　豎立的政治墓碑。
（上）牡丹社事件後，沈葆楨奏請清廷加強台灣防務，安平附近的億
　　　載金城便是此時興建的，目前列為國家一級古蹟。

54名墓」，日軍忙於撤兵之時，不惜抽空趕建政治墓碑。

　　清國既然承認日本出兵為「保民義舉」，於是日本乃於1875年（清光緒元年，日明治8年），阻止琉球向清國朝貢，並命其改用明治年號，繼而命琉球國王尚泰上京（東京），向日本天皇表示感謝日本「保護」琉球民的「恩德」。1879年，更乘「廢藩制縣」政策的進行，正式改琉球為「沖繩縣」。

　　牡丹社事件雖然使清國失去其藩屬琉球，但一方面亦因賠償金的交付，而將台灣東南部原住民區的領域明確置於其主權之下，並明確獲列強的承認。

　　日本經「牡丹社事件」之後，正式取得琉球，但暴露其對台灣的領土野心。日本在發動牡丹社事件之前，曾派樺山資紀來台灣偵查，由日本的留華學生水野遵擔任翻譯嚮導。21年後，日本經馬關條約取得台灣，第一任總督即由樺山資紀出任，而第一任民政長官即是水野遵。

　　牡丹社事件，使得統治台灣已經190年的滿清王朝才開始認識到台灣在其國防上

在沈葆楨的建議下，台灣開始進行防務工程，解除內地渡台耕墾的禁令，並實施「開山撫番」政策。

的重要性，一反190年來封山禁海的消極政策，轉而採積極的治台態度。

　　事件之後，沈葆楨上了一篇萬言建議奏章，建議清廷在台灣增設新的行政區，重視台灣防務。因此，行政區域重新劃分，北路增設一府（台北府），下轄三縣（除新竹縣、淡水縣外，改噶瑪蘭廳為宜蘭縣）、一廳（基隆廳）；南路方面增設恆春縣，在瑯璚築恆春城。他從法國聘來工程師，在台南建造大砲陣地，名曰「億載金城」。又請來英國技士，建造鵝鑾鼻燈塔。打狗港（高雄）砲台、東港砲台，也相繼建造。

　　再者，清廷也接受沈葆楨的建議，廢除內地渡台耕墾的禁令，販賣鐵、竹兩項也一律弛禁。於是沈葆楨於廈門、汕頭及香港等地設招墾局，由官方提供船費、口糧，招募閩粵人民渡台耕墾。

　　此外，也開始所謂的「開山撫番」的山地政策。沈葆楨的「開山撫番」的工作，最初是以武力進行——以軍隊開闢後山的道路，並討伐不服的「凶番」。這種所謂「開山撫番」的措施，其實是以統治者及漢人的利益與價值為中心，來對待原住民，甚至發生屠殺原住民的情事。於此，牡丹社事件讓我們看到，原住民是帝國主義霸權與封建政權之間的犧牲者。

【基本參考資料】

◆藤井志津枝，《日本軍國主義的原型─剖析1871─74年台灣事件》，1983，著者印行。

◆左舜生，《中國近代史四講》，1962，香港，友聯出版社。

◆包滄瀾，《日本近百年史》，1966，台北，藝文印書館。

◆原口清著，李永熾譯，《日本近代國家之形成》，1969，台北，水牛出版社。

◆戴天昭著，李明峻譯，《台灣國際政治史》1996，台北，前衛出版社。

26 走西仔反（法軍於清法戰爭中攻台）

1884年，清國為了越南主權問題，與法國開戰。在清法戰爭中，法軍攻打基隆、淡水，封鎖台灣海峽，進佔澎湖。這次法蘭西軍隊的來襲，就是民間俗稱的「走西仔反」。

牡丹社事件的10年後，台灣又面臨一次外國軍隊的入侵，那就是1884年清法戰爭中法軍對台灣的攻擊。

越南原為清帝國的藩屬，但是19世紀後，法國的勢力逐漸進入越南，1862年及1874年，法國陸續與越南訂約，取得通商、傳教、外交之權。法國並企圖由越南北部擴張勢力到雲南。1883年清國與法國曾兩度在北越發生軍事衝突。此時已有傳聞，法軍要佔領海南島及台灣。李鴻章極力主和，於1884年和法使訂立天津條約，但朝中主戰派反對，後來果然因諒山撤兵之事再起戰端。法國就以清廷違約為藉口，要求清國賠償軍費1000萬磅，並決定以佔領台灣的基隆為擔保。因此，清法戰爭終於正面爆發。東西方的兩個帝國主義，為了爭奪越南的主權問題而開打，台灣卻要無辜遭殃。

1884年（清光緒10年）4月13日，即有法艦藉口購煤進入基隆港，一時情勢緊張，清廷警覺到台灣防務重要，7月16日劉銘傳奉派在基隆登陸，來台督辦軍事防務。

8月5日，法國軍艦由孤拔（Anatole Courbet）、李士卑斯（Lespes）率艦砲轟基

巡撫劉銘傳建於淡水的砲台。

隆，並從三沙灣登陸，清軍反擊，法軍死百餘人，迫使法軍撤回艦上。法艦的旗艦及砲艦被清軍擊中，孤拔只好撤軍，轉攻福州。

10月2日法軍再攻基隆，在仙洞附近登陸，進佔基隆街市區及獅球嶺各堡壘。劉銘傳評估時勢認為基隆難守，對台北威脅比淡水較輕，決定棄基隆守淡水。

10月8日，800名法軍在淡水沙崙登陸，被埋伏三方的清國軍隊反擊，300餘名法軍被擊斃，14名被活捉。

由於法軍在陸上無法得逞，孤拔乃自10月23日起封鎖台灣海峽各海口（直到翌年4月16日止），造成沿海漁民、商人的生命財產頗多損失，物價也因此騰漲。

清法戰爭時，在基隆戰死、病死的法軍合葬於基隆的法軍墓園。

法將孤拔病死於澎湖，馬公郊外北門附近有孤拔的紀念碑。攝於日據時代。

12月11日法軍自深澳坑登陸，進犯月眉山，被林朝棟、曹志忠所率的守軍擊退。翌年（1885年）3月5日，法軍再度進犯基隆月眉山、深澳坑，雙方死傷慘重。法軍攻向台北的軍事行動受阻，孤拔乃決定轉向澎湖進攻。3月29日，法軍艦隊進犯澎湖，31日佔領媽宮（今馬公）。今天馬公市觀音亭前面的海濱，當年砲火最激烈，觀音亭曾被毀，後來又重建。

法軍幾乎是在沒有太強力抵抗的情況下，順利佔領澎湖，不過法軍在越南的諒山一戰大敗，使得清法之間的戰況改觀，走向議和的局面。4月4日，清國與法國簽訂和約，戰況解除。4月16日法國軍艦解除對台灣海峽之封鎖。6月21日法軍撤離基隆，7月22日撤離澎湖。而法將孤拔則於6月11日病逝於澎湖。

清法戰爭使得清廷更加感覺到台灣戰略地位的重要，因此戰爭結束後，包括左宗棠在內的朝臣提議將台灣從福建省獨立出來建省，1885年10月12日清廷決定台灣正式建省，任劉銘傳為第一任巡撫。

學者許雪姬指出：「如果沒有中法戰爭〔本文習慣稱「清法戰爭」〕發生，如果法軍不佔領澎湖、進犯台灣，也許台灣不可能在1885年建省。」

【基本參考資料】
◆戴天昭著，李明峻譯，《台灣國際政治史》1996，台北，前衛出版社。
◆郭廷以，《台灣史事概說》，1954，台北，正中書局。
◆馮作民，《台灣歷史百講》，1974，台北，青文出版社。
◆許雪姬，《滿大人的最後二十年》，1993，台北，自立報系出版部。

27 台灣建省與洋務建設

1885年清法戰爭結束後，台灣建省。首任巡撫劉銘傳大力推動近代化洋務建設。台灣成為清國最進步的一省。

1885年清法戰爭結束後，清廷才真正感受到台灣的重要性，決定把台灣從福建獨立出來，升格為省，台灣的行政區域也有新的劃分，如圖所示。

台灣獨立建省後，清廷派劉銘傳為第一任巡撫。劉銘傳任內，大力推動近代化

劉銘傳畫像

建省後台灣行政區劃圖

政策，即史稱的「自強運動」，又叫「洋務運動」。

在清據時代的台灣官吏中，劉銘傳是少數有抱負、有遠見的人物。在海洋時代的19世紀，他早已留意台灣的發展，他「平居私議，常謂台灣孤懸海外，土沃產饒，宜使台地之財，足供台地之用，不須取給內地，而後處處變，均可自全。」因此，他寧願放棄福建巡撫而志在台灣開發。

當然，在劉銘傳之前，台灣已有初步的洋務建設，船政大臣沈葆楨、福建巡撫丁日昌、岑毓英、台灣道劉璈等人都或多

（上）台灣巡撫劉銘傳親自到工地監督鐵路工程的興建。
（右）劉銘傳所建的台北火車站，位置在今長安西路靠西寧北路一帶。

或少起了開端。劉銘傳主台後，在原來的基礎上更上一層樓，他除了重劃行政區（已如上述）、加強防務、推動清賦改賦、整頓財稅等政策之外，並積極推行洋務運動。以下試列一年表，觀察劉銘傳上任後的重要措施：

1886年1月19日，劉銘傳就任。9月16日，進駐彰化大坪為省會。

1887年3月30日，劉銘傳上書奏請借款興建台灣鐵路。

4月8日，申報指出洋商得吉利公司獨佔台、閩之間茶市承運業務，強逼台灣茶商簽約以防清國官方干涉爭利。

4月23日，清廷批准劉銘傳興建台灣鐵路計劃案。

5月20日，台灣鐵路總局在台北成立，專司興建台灣鐵路，1894完成基隆、新竹間工程。

8月23日，滬尾（淡水）、福建福州間海底電纜舖設完成啓用。

12月1日，基隆煤礦經營不善，退回商股改為官辦。

1888年2月10日，劉銘傳開辦台灣郵政，總局設於台北府城。

6月20日，劉銘傳奏請在台設立西式學堂，並聘請西方人士為教師。

8月29日，劉銘傳清理田租，地方官吏藉機歛錢，彰化秀水庄由施九緞率領數百人以「官激民變」為號召反抗（事後由林朝棟平定）。

台北、基隆之間通車後，在郵票上面加印前往地點，充作一時克難使用的車票。

在這張照片中可以看出，台北城旁邊已經出現電線。

10月16日，劉銘傳奏請台灣鐵路改為官辦，21天後（11月6日）核准台灣鐵路收歸官營。

1889年8月7日，劉銘傳為提高財政收入，擬將基隆煤礦交由英商經營，但清庭不准。

1890年5月8日，劉銘傳批准蔡應維等人所提「台灣煤礦官商合辦」案。

8月20日，劉銘傳自立採煤章程，引起清廷不滿，將劉銘傳革職留任。

1891年1月22日，因應建設台灣經費，開始徵收茶稅。

劉銘傳終因派系鬥爭而於1891年3月27日離職，在台多項建設計劃因此中斷。第二任巡撫邵友濂於10月24日就職。次年1月15日移設省會於台北。邵友濂在台任職期間（1891-1894），停止前任巡撫劉銘傳之多種建設計劃，較有建樹者，如1892年2月1日在基隆成立台灣金砂總局，並在暖暖、瑞芳、四腳亭、頂雙溪設分局；1894年1月23日，台北、新竹間鐵路正式通車，但停止往南繼續建造。

總之，台灣的近代洋務運動的推動，在劉銘傳時代成果最好，但如果不嚴格說，台灣推動近代化的洋務運動是在牡丹社事件之後（1875）由沈葆楨發端，但比起清國內地推動洋務運動（大約在1860年代初開始），台灣的起步要慢了一、二十年。可是沒想到推展洋務運動比清國內地時間要慢一、二十年的台灣，成果竟然超越清國其他各省。當時全清國的第一條鐵路，第一條鐵路隧道，第一個自辦的電力公司，第一條架設的電報線，都在台灣出現。短短期間，台灣在近代化的洋務運動上超前清國內地，為什麼會這樣呢？顯然地，具有濃厚的海洋文化性格的台灣社會，較諸大陸文化深厚的大陸，要開放而活潑許多，民間比較能夠接納一些新的事務，這些所謂的海盜的後代、移民的後代，比較有冒險犯難進取的精神，去面對新的事物，接受外界的挑戰。學者許雪姬也認為：「因台灣物產豐饒，茶、糖、樟腦的外貿暢旺，且因地處邊陲，來自中央的羈絆較少，地方大員能放手建設事業，再加上台灣是海島，島民的民智普遍早開於內地，因此不僅未形成改革的阻力，反而是促使現代化的幕後助力。」

歷史上，海洋台灣與大陸中國，一直有著不同的軌跡，這裡又再次得到說明。

【基本參考資料】
◆許雪姬，《滿大人的最後二十年》，1993，台北，自立報系出版部。
◆黃富三，〈劉銘傳與台灣的近代化〉，收錄於黃富三、曹永和主編《台灣史論叢》第一輯，1980，台北，眾文圖書公司。

28 台灣民主國成立

1894年，清帝國與日本帝國爆發甲午戰爭，翌年馬關議和，台灣被永久割讓給日本，台灣官紳不服，成立「台灣民主國」自救。

清帝國為了朝鮮主權問題，和日本發生甲午戰爭，清國打敗仗，最後卻出賣位於二千公里外、與此事毫不相干的台灣。台灣為何遭此不幸？只因為台灣被清帝國併為疆土的一部分，又是滿清心目中的邊陲孤嶼，做為大中國之一部分的台灣，就必須背負大中國腐敗與落後的包袱，這是歷史的必然。

原台灣巡撫唐景崧，後來就任台灣民主國總統。

1895年（清光緒21年）4月17日，清國的代表李鴻章在日本下關（馬關）與日本代表伊藤博文簽下「日清講和條約」（馬關條約），將台灣全島及其附屬島嶼以及澎湖列島「永遠讓與日本」。當時，原本和台灣澎湖一起被割讓的，還有遼東半島。

割台消息傳到台灣，台灣官紳譁然。許多正氣凜然的電文與宣誓紛紛出籠，例如丘逢甲是此中好手，他當時擔任公部主事，統領全台義勇，率領紳民到巡撫官署，慷慨陳詞：

「……和議割台，全台震駭！臣等桑梓之地，義與存亡，願與撫臣誓死守禦。設戰而不勝，請俟臣等死後再言割地……如日酋來收台灣，台民惟有開仗。」

這段期間，台灣內部人心浮動，兵民騷亂，巡撫唐景崧可說是被官紳「劫留」

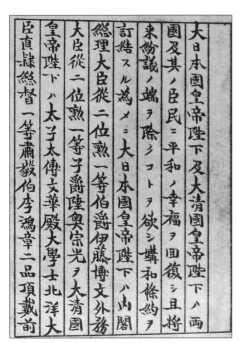
馬關條約正本內文的第一項。

下來，共謀對策。唐景崧向朝廷電奏提議，與各國訂約以保全權利。清廷當局之中，與台灣唐景崧電報往來最為密切、表現最為積極的，當屬南洋大臣、兩江總督張之洞。張之洞電告唐景崧，三國（法德俄）有干涉條約之意，並且提示，既然條約已經畫押，台灣可以「保民」為由，商請英國擔任台灣防務。以台灣自保的名義，把抗拒日本的行為，解釋成與清國無關，如此就不致連累清國。

俄德法三國出面干涉的結果，僅要求日本有條件歸還遼東半島，而不包括台灣澎湖。遼東半島若為日本所有，對列強各國的在華利益影響較大，而台澎的利益顯然不及遼東，因此三國僅要求贖回遼東，但讓日本保有台灣。

張之洞、唐景崧，甚至台灣內部的部分士紳，除了繼續試圖使列強各國可以因為本身的利益，出面阻止日本佔領台灣之外，更強調台灣民眾不願歸日管轄，來做為要求國際插手救援的理由。不過張之洞提示，此後不論是台灣自力抗日，或是商結外援以救台，都必須台灣自己出面，以台灣民眾的「意願、從違」來打動西方各國。

然而各國在干涉還遼成功之後，已無強烈意願再為台灣之事而得罪日本。在一連串奔走外援失敗之後，唐景崧和台灣官紳們終於有了突破性的決定。5月15日唐景崧發布「台民布告」，其中表明：

「全台前後二千餘里，生靈千萬，打牲防番，家有火器，敢戰之士一呼百萬，又有防軍四萬人，豈甘俯首事？今已無天可籲，無人肯援，台民唯有自主，推擁賢者，權攝

台政，事平之後，當再請命中朝，作何辦理。……」

同時，以「全台紳民」的名義，透過張之洞電奏朝廷，轉達「建國」的意願，電文中說：

「台灣屬倭，萬民不服，迭請唐撫院代奏台民下情，而事難挽回，如赤子之失父母，悲憤何極。伏查台灣已為朝廷棄地，百姓無依，惟有死守，據為島國，遙戴皇靈，為南洋屏蔽。惟須有人統率，眾議堅留唐撫暫仍理台事，並請劉鎮永福鎮守台南，一面懇請各國，查照割地紳民不服公法，從公剖斷台灣應作何處置，再送唐撫入京，劉鎮回任。台民此舉無非戀戴皇清，圖固守以待轉機。」這可說是一通向朝廷報備「獨立」的通電。

5月19日，台灣期待已久的兩艘法國小巡洋艦終於來到台灣。曾任清國駐巴黎公使館參事官的陳季同，奉唐景崧之命造訪船上的法國艦長，商討救台之計，法艦長表示：「台灣自立，較易辦。」22日，法將德爾尼回訪唐景崧，也表示：「為清國爭回土地難，為台灣保台則易，必須台灣自立，有自主之權。」「台灣能自立，可保護。」這個承諾，給唐景崧及台灣官紳大為振奮。

5月23日，「台灣民主國自主宣言」終於發布，其中謂：

「吾台民，誓不服倭，與其事敵，寧願戰死。爰經會議決定，台灣全島自立，改建民主之國，官吏皆由民選，一切政務從公處置。…」

這個號稱「東亞第一個民主國」終於在倉促中誕生。唐景崧被推為總統，丘逢

台灣民主國的國旗—藍地黃虎旗

甲任副總統兼民兵司令官，內務部長俞明震，外交部長陳季同，國防部長李秉瑞，守備南部大將軍劉永福。議長則推板橋林家的林維源擔任（但他捐了銀子，沒有就任就內渡大陸去了）。

有人說，台灣民主國是第一次的台灣獨立運動，其然乎？豈其然乎？我們從上述「台灣紳民」向朝廷「報備獨立」的電文中看出，雖然明白表示要「據為島國」，卻又說「遙戴皇靈」「此舉無非戀戴皇清」，顯然，獨立並非其本意。果然，接下來「台灣民主總統」唐景崧在就任文告中，講得更露骨：

「…全台士民不勝悲憤，當此無天可籲，無主可依，台民公議自立為民主之國」「惟是台灣疆土，荷大清締造二百餘年，今雖自立為國，感念列聖舊恩，仍應恭奉正朔，遙做屏藩，氣脈相通，無異中土。」

這份「獨立國家」首任總統就職宣言的內容，竟然明白否定其獨立的本意，為

世界上絕無僅有。誠如黃昭堂教授所言：「台灣民主國建國的目的，在於阻止日本對台灣的佔領，建國只是抗日的一種手段…。」

年號「永清」的台灣民主國，以「藍地黃虎旗」為國旗，然而台灣不產虎，竟然以虎作為台灣的標記。當時清朝是用龍旗，台灣民主國不敢冒犯龍威，改用虎旗，或有以示「龍虎兄弟」「龍兄虎弟」之意？再說，唐景崧就職典禮時，紳民對他行「兩跪六叩」的封建式朝儀，其「民主」之內涵也可見一斑了。

台灣民主國成立5天後，日軍在澳底（今台北縣貢寮鄉）登陸，岸上的駐軍不戰而潰。日軍在當地居民的指引下，越過三貂嶺，向基隆挺進，於瑞芳一帶遇民主國部隊抵抗。當時佈署在北台灣的軍隊都是一些廣東兵（廣勇），是唐景崧派人到廣東募來的。這些廣勇並沒有專人統率，各營自立門戶，漫無紀律。他們之中曾一度擊退日軍，但卻為了爭奪陣亡日軍的頭顱以搶戰功而發生內鬥，諸將不和，退走基隆，致使原被打退的日軍又折回來向基隆

北白川宮能久親王率領的近衛師團在澳底鹽寮登陸，日本人在這裡建了一個登陸紀念碑。後來國民黨政府將之拆掉，改建成抗日紀念碑。

挺進，與出現在基隆外海的日艦會合夾攻基隆。基隆不守，日軍海陸雙方在基隆會師。

6月4日，日軍還在基隆，唐景崧就漏夜逃往淡水德商忌利士（Douglas）洋行，同時電催在中部丘逢甲、楊汝翼、林朝棟率軍北上赴援，電報的電文從「千急急」寫到「萬急急」，卻未得反應。最後唐景崧乘德商輪從淡水出走，回到廈門，距離就職僅10日，被稱爲「十日總統」。唐景崧潛逃後，台北城內一片混亂，城內的廣東兵焚燒總統府，官兵變成強盜，到處搶劫，變賣軍器，人人生命財產受到嚴重威脅。在動亂中，尤以外國人及商紳財閥最爲著急。於是鄉紳李春生、李秉鈞、吳聯元、陳舜臣、劉廷玉、陳儒林、鹿港浪人辜顯榮、德商Ohly、英商Themson、美國記者Davidson、法商畢狄蘭…等人，乃商議迎接日軍進城以維持秩序，於是有辜顯榮往基隆迎接日軍之舉。6月14日日軍輕易地進入台北，於6月17日在台北舉行「始政式」。

台北城既陷，以廣東兵爲主體的抗日「獨立」戰爭暫告一段落。但接下來的，則是以台灣子弟兵爲主體的中南部各地的抗日游擊戰。劉永福在台南

劉永福

繼續力撐殘局。

日軍進台北城後，繼續向南進發，陷新竹，下苗栗，撲大甲溪，威脅彰化，八卦山的台灣守軍與日軍激戰，雖然日本的北白川宮能久親王於戰役中受傷（後來不治），但台軍最後支撐不下，日軍繼續南下陷雲林、嘉義；另外兩支日軍輾轉經由澎湖，分頭自布袋及枋寮登陸，齊向台南包抄。打狗、鳳山在激戰後淪陷，台南陷入重圍中。劉永福見大勢已去，最後由安平乘英輪逃離台南，去廈門。全台陷入日軍手中，距離台灣民主國成立，約5個月。

綜觀台灣民主國，其實不能算是一次眞正的台灣獨立運動。所謂「全台紳民」，其實只是丘逢甲等一些「大租戶兼讀書人階級」（王育德語）。他們要建立台灣民主國的主要目的，不在眞正追求台灣的獨立自主，而是在保守其既得利益；而站在清廷方面，清廷的官吏在甲午戰敗後，想以台灣作爲和談的籌碼，但恐台民不服，因而必須製造抗日行動在台灣，使台民覺得是日本來佔領台灣，而不是清廷將台灣出賣。當時的江南道監察御使張仲炘就曾向朝廷提出這樣的質疑：「今者戰事已停，而台灣獨否，同是中國人民土地，何分南北？臣於是知謀國之臣，有以台灣媚敵之心矣。…今日不停戰，即欲使倭奪而據之，冀以威脅台民阻梗之愛，並以掩飾中國割棄之恥，且可曰：『彼自取之，非我與之也』。」既然要台灣繼續抗日，但又不能以清國一省之名抗日，以免違約，故而須以獨立名份爲之。這種用意，是清廷部分官吏的用意。史料中顯示，台灣的抗日行動，頗受清廷部分官吏的影響，其中以

丘逢甲擅長寫抗日詩文，可惜不曾出過一兵一卒去實際抗日，且在日軍抵達之前就逃跑了。

張之洞影響最鉅。割台後的抗日之役，張之洞以職務及舊交關係，聯繫唐景崧、劉永福等人抗日，儼然成為幕後指導者。簡單說，「台灣民主國」是清朝官吏打出的「台灣牌」。

所以，台灣民主國只能說是一次「假獨立」，猶如今日商場上一些商人，因債務糾紛而與妻子辦理「假離婚」（法律名義上的離婚）一樣。誠如美籍歷史學者H. J. Lamley所指出的，台灣民主國是「非革命、非獨立、非真民主」。

檢討台灣民主國失敗之因，有人認為是因為得不到國際外交的支持。其實，這並非重點，須知道，要建立「台灣民主國」這個念頭，還是法國透過陳季同提醒的。法國曾告訴唐景崧，要替清國爭回土地，已經不可能，若台灣獨立自保，則還有希望。法國原先還派兩艘軍艦前來馬公聲援，但終而放棄支持。其他各國也都不願為台灣事而惹來一身腥，道理很簡單，試想，當時唐景崧對外宣稱這個「台灣民主國」與清國「氣脈相通，無異中土」，既然昭告世界說我的獨立不是真的，則世界上有哪一個愚昧的國家，會去支持一個自己都不願意真正獨立的「國家」？自己本身沒有真正獨立的意願，豈能期待國際外交的支持？

所以，台灣民主國失敗的最大癥結，在於內部獨立建國的主觀意識太弱，完全不像在打一次獨立戰爭。民主國部隊（尤其是北部的廣勇）抗日無能，擾民與內鬥卻非常在行。領導階層人物則好說大話，而無抗日決心，像唐景崧，日軍才到基隆，他就逃跑了；像丘逢甲，寫起抗日文章，激昂慷慨，什麼「義與存亡」「誓死守禦」，但是等到唐總統要他們調兵北上支援，卻躊躇不前，最後沒有打過一兵一卒、一砲一彈，就捲帶軍餉逃回中國了。

一百多年前的這段台灣歷史，不知道給我們今天台灣人什麼啟發與教訓？一百多年前，台灣從主觀和客觀環境來看，獨立建國的條件並不成熟。領導者既無真獨

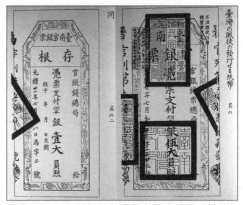
劉永福在台南發行的台灣民主國官銀票（鈔票），還沿用光緒的年號。

台灣民主國的郵票，當時稱為「士擔紙」，是stamp的音譯。

立之意，而台灣子弟兵的抗日雖然激昂慷慨，可是也沒有凝聚出以台灣為主體的國家意識。

　　一百多年後的今天，台灣有沒有獨立建國的條件呢？台灣的經貿實力，讓台灣發展成世界上的經濟大國，實際上她是獨立於中共政權之外發展的，可是台灣的政治與文化思考，卻未建立其主體性，仍以對岸的中國作為思考的座標。在國民黨這個遷佔政權長期的教條洗腦下，許多台灣人卻像巴夫洛夫制約反應實驗中的那條狗一樣，隨著預設的政治鈴聲而反應。統治者要他們「消滅共匪」時，他們就一心一意喊著要「反攻大陸」；統治者改口說「怕被共匪消滅」了，他們又立刻跟著反應，不可承認台灣是一個獨立的國家，否則中共會打來。等而下之者，生息於台灣，卻瞧不起台灣，不敢叫出自己台灣的名字，以台灣為恥，以反對自己台灣的國家獨立地位而感到光榮，逃避自由，逃避獨立。自己不願承認自己的獨立國格，如何叫國際社會承認？

劉永福在台南時的台灣民主國郵戳。這兩枚郵戳所使用的英文國號竟然不一致。

　　一百多年前，台灣沒有獨立自主的地位，他被出賣，無可奈何！一百多年後的今天，台灣本該有獨立自主的地位，許多人卻想破壞她，自我出賣，撫今追昔，夫復何言？

【基本參考資料】
◆黃昭堂，《台灣民主國の研究》，1970，日本東京大學出版會。
◆吳密察，〈1895年台灣民主國的成立經過〉，收錄於張炎憲等編《台灣史論文精選》（下），1996，台北，玉山社。
◆戴天昭著，李明峻譯，《台灣國際政治史》1996，台北，前衛出版社。
◆李筱峰，〈一場荒謬的獨立戰爭─從乙未北台抗日看台灣民主國〉，《進出歷史》，1992，台北，稻鄉出版社。
◆Harry J. Lamly, "The 1895 Taiwan Republic─A Significant Episode in Modern Chinese Histroy", The Journal of Asian Studies, Vol.XXVII, No.4, 1968.
◆王育德，《台灣─苦悶するその歷史》，1970，日本東京，弘文堂。
◆楊碧川編《台灣歷史年表》，1983，台灣文藝雜誌社出版。
◆「台灣民主國特輯」，載《台南文化》2卷3期，1952年9月，台南市文獻委員會。
◆陳俊宏，〈李春生與禮密臣的一段軼事─1895年日軍和平佔領台北城事件發微〉，載《台北文獻》直字第122期，1997.12。
◆石光真清著，梁華璜譯，〈城下之人─乙未日軍侵台實記〉，載《台灣風物》第33卷3期，1983.9。
◆左舜生，《中國近代史四講》，1962，香港，友聯出版社。

29 日本頒行六三法

日本據台的第二年（1896年），由國會通過第63號法律，授權台灣總督，准其發布與法律同等權限的行政命令。是日本在台灣實行殖民統治的根本。

日本據台之初，一切行政、立法、司法，皆由日本軍事當局總攬，總督一人身兼，發布的「軍令」是基本法源。這種典型的「軍政時期」，維持了約9個月的過渡期。

由於考慮台灣與日本的語言文化、風俗習慣、社會條件互異，對台灣的統治應採漸進的方針，宜制定特別法制。因此，日本據台的第二年，1896年（明治29年）3月30日，日本國會通過第63號法律〈有關施行於台灣之法令之法律〉，將議會立法權委諸台灣總督，世稱「六三法」。其條文很簡單：

第1條：台灣總督於管轄區域內，得公佈有法律效力之命令。

第2條：前條之命令，由台灣總督府評議會議決，經拓務大臣奏請敕裁。

第3條：臨時緊急事故，台灣總督得不經前條之手續，而公佈第1條之命令。

第4條：依照前條所公佈之命令，公佈後仍應立即奏請敕裁，並呈報台灣總督府評議會。

第5條：現行法律或將來發布之法律，其全部或一部施行於台灣者，以敕令定之。

第6條：本法律自施行之日起，經三年失其效力。

六三法是日本開始在台灣殖民統治的根本大法，也是一切惡法之所由來。日本駐台總督掌握行政、立法、司法等大權於一身。

在絕對權力下，必然出現惡法。例如，1898年，總督兒玉源太郎就根據六三法，頒布「匪徒刑罰令」，表面上係專為

左為日本駐台第一任總督樺山資紀，右則為第四任總督兒玉源太郎。

打擊土匪、維持社會治安而設，原本無可厚非，但是其第1條就規定「不問目的如何，糾結徒眾圖以暴力或脅迫達到其目的者，是為匪徒之罪」，其中又規定「抵抗官吏或軍隊者處死刑」「毀壞交通標誌以致發生危險者處死刑」，因此，「匪徒刑罰令」除了打擊真正的匪徒之外，也成為報復抗日行動的法寶工具。

六三法在性質上屬於委任立法。由於草案討論期間，日本朝野有人認為，將議會立法權委諸總督實係違憲；但又考慮台灣的特殊性，基於日本殖民政策的需要，於是折衷而行，認為此法有其暫時必要性，遂附以第6條之3年有效期限加以限制。然而，1899年的3年有效期一到，又延長3年；第二次延長的時限（1902年）一到，仍欲罷不能，又再延長3年；1905年的第三次延長時限又到，因逢日俄戰爭方酣，將有效期延至和平後翌年末日；直到1906年底，日本政府又向國會提出六三法延期之議，最後仍經貴族院和眾議院將有效期改為5年通過，不過以第31號法律（世稱「三一法」）公佈，六三法名稱雖然消失，其實只是換湯不換藥，其內容與性質並無太大改變，民間仍習慣以六三法稱之。三一法訂定時仍附有5年有效期限，可是仍然一延再延。

1920年（大正9年），第8任總督（也是第1任文人總督）田健治郎來台上任時，六三法（含三一法）已雷厲風行二十多年，成為台灣社運界及知識份子攻擊的焦點。田總督上任時，在記者招待會上向台灣人說：「我姓『田』，百家姓裡面也有，所以我和台灣人都是一家人，對於台灣人的處境我非常了解、非常同情。」許多耳根輕的台灣人，被他的一席話感動不已（直到現在，還有許多台灣人喜歡聽這類句型的政治話）。然而這位號稱同情台灣人處境的田健治郎，在日本帝國議會席上討論六三法的存廢問題時，卻肯定說：「就目下台灣人之實際情形看來，台灣還沒達到廢除六三法的階段。」

對於這個歧視台灣人的惡法，台灣民族運動首腦林獻堂，於1920年糾集旅日的台灣留學生組成的「新民會」，曾提出「撤廢六三法」的呼籲。不過「六三法撤廢運動」不久即因運動方針改變而停止。新民會中的活躍份子林呈祿認為，主張撤廢六三法等於否認台灣的特殊性，亦即無異肯定日政當局所謂的「內地延長主義」。因而他提議停止「六三法撤廢運動」，轉而要求設置屬於台灣的議會，遂有緊接著的「台灣議會設置請願運動」的推動（詳見本書第39節〈台灣議會設置請願運動〉）。

六三法（三一法）施行到1921年底結束，日政當局再改以第三號法案（世稱「法三號」），此一法律不附期限，直到1945年日本結束統治為止。

總計實施「六三法」（含「三一法」）的時間，從1896年到1921年，其法制性質屬於「律令立法時期」，其律令的發布由台灣總督為之；到了「法三號」以後（1921-1945），則屬於「敕令立法時期」，法律的發布則以天皇名義發布，即台灣的立法權由殖民地政府轉移到本國中央政府。但不論是「六三法」時代的律令立法時期，或是「法三號」的敕令立法時期，同樣都屬行政立法，台灣人並不是法律的主體，台

灣人的被殖民者地位並沒有太大的提昇。

【基本參考資料】
◆葉榮鐘等，《台灣民族運動史》，1971，
台北，自立晚報社。
◆周婉窈，《日治時代的台灣議會設置請願
運動》，1989，台北，自立報系出版部。
◆黃昭堂，《台灣總督府》，1981，東京，
教育社。
◆馮作民，《台灣歷史百講》，1966，台
北，青文出版社。

30 伊能嘉矩來台進行史地民情研究

1895年冬，日本人類學者伊能嘉矩來台，幾乎踏遍全台，進行史地民情的調查研究，為台灣學開啓先路。

日本於1895年領台之後，除了軍政人員大批來到台灣之外，同時也有一批學者文人隨軍來台，實地考察殖民地台灣的各種狀況，奠定了各種台灣研究的基礎。伊能嘉矩是眾學者中影響相當深遠的一人。

出生於1867年的伊能嘉矩，是日本岩手縣盛岡市遠野町人。年輕時對文史很感興趣，也學習漢學。就讀岩手縣立師範學校後，1893年開始研習當時新興的人類學。1895年冬，以陸軍雇員身份來台，任職台灣總督府民政局，負責編纂事務及原住民族調查工作。不久成立「台灣人類學會」。

伊能嘉矩為了研究台灣歷史、調查研究台灣的原住民，他不僅學會福佬話（俗稱「台語」），也學習泰雅族語及馬來語，以便進行比較研究（比起今天在台灣有一些號稱研究台灣史、在大學擔任台灣史課程的人，竟然不懂任何一種台灣的本地語言，簡直不能同日而語）。

他後來整理台灣原住民族各族的語言，編成《台灣蕃語集》，並證實台灣原住民語言與馬來語同為南島語系。

1896年10月，伊能嘉矩到宜蘭一帶進行平埔族的實地調查，為期24天。1897年5

伊能嘉矩初來台灣時留影，他是台灣第一位有系統研究台灣平埔族原住民的學者。取自《台灣士商名鑑》，上田允胤、湊靈雄合編，1900。

月下旬，他與同事粟野傳之丞（1896年發現台灣第一個史前遺址芝山岩遺址的人）開始進入山地考察。由屈尺入山，經大料崁、五指山、南庄、大湖、東勢角、葫蘆墩（豐原）、埔里、水沙連（日月潭附近）、林圮埔（竹山）、雲林（斗六）、嘉義、麻豆、蕃薯寮等地。這趟走訪，一直到12月初，歷時192天。1900年7月底，他又從海路訪查恆春、卑南（台東）、紅頭嶼（蘭嶼）、台東縱谷，到奇萊平原（花蓮），歷時1個半月。同年12月底，以18天的時間在澎湖進行考察。

經過調查整理後，伊能嘉矩與粟野傳之丞合著《台灣蕃人事情》（1900），並獨撰《台灣志》（1902）、《台灣蕃政志》（1904）。伊能以異文化研究的精神，在山

伊能嘉矩在台灣的踏查路線圖

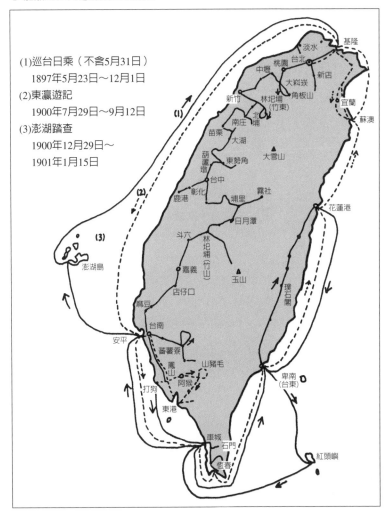

(1)巡台日乘（不含5月31日）
　　1897年5月23日～12月1日
(2)東瀛遊記
　　1900年7月29日～9月12日
(3)澎湖踏查
　　1900年12月29日～
　　1901年1月15日

[地名標註：基隆、淡水、台北、桃園、新店、中壢、大嵙崁、角板山、宜蘭、新竹、林圯埔（竹東）、北埔、蘇澳、苗栗、南庄、大湖、胡蘆墩、東勢角、大雪山、台中、彰化、鹿港、埔里、霧社、花蓮港、斗六、日月潭、林圯埔（竹山）、嘉義、玉山、璞石閣、店仔口、麻豆、安平、台南、蕃薯寮、鳳山、山豬毛、阿猴、打狗、卑南（台東）、東港、車城、石門、恆春、紅頭嶼、澎湖島]

埔族為主，所作記錄屬直觀敘述；伊能嘉矩的踏查，則涵蓋高山族與平埔族原住民，且以人類學的學術方法，做系統分類，作出更進一大步的貢獻。

　　除了走訪山區之外，伊能仍繼續在台灣民間各地蒐集文獻，進行實地勘查，收購即將散佚的圖書文物，埋首從事台灣史的研究。除了前述著作外，有關台灣史的著作尚有《世界ニ於ケル台灣的位置》（1899）、《台灣ニ於ケル西班牙人》、《台灣城志・台灣行政區志》（1903）、《台灣年表》（1903，與小林里平合輯）、《領台始末》（1904）、《領台十年史》（1905）《台灣巡撫トシテノ劉銘傳》（1905）、《台灣新年表》（1907）、《大日本地名辭書（台灣部分）》（1909）……等。其中雖有日本統治當局的立場，但抽離政治色彩部分之後，仍大有可觀者。甚至，如《台灣巡撫トシテノ劉銘傳》一書，對前朝統治者劉銘傳相當肯定，難能可貴。

　　伊能嘉矩旅居台灣10年後，於1905年返回遠野町，1925年病逝故鄉。他的門生板澤武雄教授和小長谷達吉等，依據伊能嘉矩研究台灣歷史文化之遺稿，編成遺著《台灣文化志》一大部。這是伊能嘉矩終生研究台灣歷史文化所集大成的一部最重要的著作。他掌握1895年以前的台灣歷史，

地查訪原住民族，筆錄其傳說、風俗、習慣。他走過聚落、山村、古道的記錄，都是後人研究台灣原住民族重要的參考資料。他將台灣原住民分為泰雅（Taiyal）、布農（Vonum）、曹（Tsou）、賽夏（Tsariseu）、排灣（Paiwan）、漂馬（卑南Pyumn）、阿美（Amis），及平埔（Peipo）等8族。這種系統分類，也為後人的研究奠下基礎。200年前郁永河的足跡，以西部平

有系統地撰述，包括政治、工業、農業、地理、理蕃、藝文、交通、商業等專史，脈絡清楚，為台灣史寫作奠下先基。至今仍是研究台灣史必讀的著作。

　　總之，伊能嘉矩的研究成果，開啟台灣史研究的先驅，奠定台灣學的基礎。因此，他來台灣考察的這一事蹟，實在是台灣歷史的一件大事。當然，類似伊能嘉矩的角色，到台灣從事調查研究的學者，如鳥居龍藏（1896年受台灣總督府委託，同樣到台灣做山地原住民族的人類學調查），或前已述及的粟野傳之丞等人，也都同樣對「台灣學」發揮無可磨滅的影響力。篇幅所限，就不一一敘說了。

【基本參考資料】
◆板澤武雄，〈伊能先生小傳〉，收數於伊能嘉矩遺著，《台灣文化志》，1985，台灣省文獻會譯編。
◆張炎憲，〈台灣史研究與台灣主體性〉，載《台灣近百年史論文集》，1996，台北，吳三連台灣史料基金會印行。
◆伊能嘉矩遺著，楊南郡譯，《台灣踏查日記》，1996，台北，遠流出版社。
◆曹永和，〈伊能嘉矩在台灣史研究上的地位〉；洪敏麟〈伊能嘉矩對台灣調查研究的成果〉；楊南郡，〈伊能嘉矩調查路線和調查內容〉等，1995.8.26日本岩手縣遠野市立博物館主辦「伊能嘉矩與台灣研究」研討會論文。

31 簡大獅、柯鐵虎、林少貓抗日

日本領台初期，抗日游擊行動仍此起彼落，其中北部簡大獅、中部柯鐵虎、南部林少貓勢力最大，被稱為抗日三猛。

1895年11月，台灣民主國雖然被日軍消滅了，但是許多地方卻仍持續出現零星的抗日游擊行動。從1895年（日本明治28年）年底一直到1902年，每年都仍有抗日的游擊行動發生，其中，以北部的簡大獅，中部的柯鐵虎，南部的林少貓規模較大，被稱爲抗日「三猛」。讓我們分別扼要觀察他們的抗日行動，及其背後的意義。

簡大獅（?-1901），字太獅，台北人。1895年12月，憤日本據台及親人被殺，在淡水招募義民千餘人起義，與日軍戰於淡水、關渡、士林等地。後因火力不支，撤入山中，出沒於金包里（金山）一帶，襲擊日本駐軍或憲兵隊，並協同林李成、陳秋菊、詹振、胡阿錦等人攻擊台北城，日人死傷三百餘人。1898年，迫於情勢，曾

宣佈「歸順」日人，但沒有繳械。不久，又重新上山，繼續抗日，槍擊後藤新平派去勸降的人。日人惱怒，對其展開圍捕。1899年，因糧械不濟，逃入廈門，遷居同安，但被清朝官吏捕獲，同年被引渡回到台灣。簡大獅萬萬沒有想到，在他抗日不成，沒有被日人捕獲，卻在投奔心目中的「祖國」之後，反而被「祖國」的官憲逮捕。簡大獅在接受廈門廳審訊時的供狀中訴說：

「我簡大獅係台灣清國之民……自台灣歸日，大小官員內渡一空，無一人敢出首創義。惟我一介小民，猶能聚眾萬餘，血戰百次，自謂無負於清。去年大勢既敗，逃竄至漳，猶是歸化清朝，願爲子民。漳州道府既爲清朝官員，理應保護清朝百姓。然今事已至此，空言無補。惟望開恩，將予杖斃，生爲大清之民，死作大清之鬼，猶感大德，千萬勿交日人，死亦不能瞑目。」

自認爲「大清之民」的簡大獅，最後連做「大清之鬼」都不可得，他最後被引渡回台灣，於1900年3月22日遭日人處決。

柯鐵虎，1874年（清同治13年）生，原名柯鐵，雲林人，造紙工人出身。1896

簡大獅

林少貓

（上）北台灣山區一處抗日領袖藏匿的茅舍。（下）日軍在鄉間搜捕抗日份子。出自James W. Davidson, "The Island of Formosa Past and Present"

年（明治29年）6月中，中部抗日軍齊集大平頂（又做大坪頂，在今雲林縣、南投縣交界處）為根據地，共推簡義（精華）為首，柯鐵虎等為「十七大王」，組成抗日隊伍，建號天運，改大平頂為「鐵國山」。10月，簡義歸順日人（由辜顯榮出面斡旋），柯鐵虎被推為首腦，稱「總統」。柯鐵虎在鐵國山設官分職，自籌軍餉，向人民收稅，負責地方治安，儼然是一個獨立小王國。柯鐵虎以「奉天爭倭鎮守台灣鐵國山總統各路交勇軍柯」的名義，發布抗日檄文，總計抗日軍約數千人。12月12日，日本當局調集大軍進攻鐵國山，先遣部隊在打貓東頂堡後頭仔山被柯鐵虎的抗日軍殲滅一半。後來日軍從各山頭用大砲砲轟鐵國山，抗日軍因無大砲，節節敗下陣來，

最後柯鐵虎下令化整為零，分別向大深山密林撤退，鐵國山淪日。退入密林的柯鐵虎，又重整旗鼓，在各地打游擊，與集集、林圮埔（今竹山）等地抗日首領陳法、陳水、陳細條等人互相呼應，攻擊日駐軍及憲兵隊。1897年，柯鐵虎聚集抗日軍五六百人，以林內東方的觸口山為基地，柯一度克復雲林。在雲林地區抗爭達四年之久。日當局訴諸武力不能征服，改勸降手段，總督兒玉源太郎派辜顯榮勸其歸順，柯鐵虎提出十項要求，與日方談判。和談條款如下：

1.雲林斗六門及其附近，另設一治民局，由台灣人治理，聘一日人當副手。遇有人民刑案，由台灣人審訊。

2.前清無兵防守，而今由日軍佔領之地區，日軍立即撤出，並將被日軍侵佔之大平頂山，退還給柯鐵虎作為屯兵之所。

3.以後柯鐵虎、張呂赤、賴福來、黃才等，可以率領台灣民兵保護人民。日軍如有事聯絡，只用文字往來交談，不得面決。

4.柯鐵虎以前向人民所收之稅金，以後仍照舊徵收，作為兵餉及行政經費。

5.柯鐵虎所屬之民兵可保護地方安寧；日後如與日本官兵在途中相遇，雙方均不得挾怨惹事生非。

6.柯鐵虎自議和之後，屯兵山間保民，誓不為非作歹。如有奸人捏詞控告，必先將訴狀呈治民局，由台灣人審理，日人不得直接受理或派軍圍剿。

7.雲林境內准許民家使用軍械以自衛。

8.雲林境內如有頑強不聽勸化之人，

柯鐵虎可派民兵出山清剿，以免匪徒橫行鄉里魚肉人民，而妨礙柯鐵虎保境安民之名譽。

9.凡以前犯罪之台灣人，自議和之後，均改由治民局主管審理，不得再由日本人毒打成招。

10.柯鐵虎沾大清皇帝之鴻恩，能保護雲林縣人民安居樂業，三年之後雙方再重議條款。

日方委曲求全答應，還爲柯鐵虎舉行了一次「歸順式」。

在議和後的一年之間，相安無事。但是到了1899年底，日方聲稱柯鐵虎背約造反，派兵包圍柯鐵虎的山城，柯鐵虎率眾恢復抗日。1900年，柯鐵虎忽患重病，2月9日病逝。其勢力逐漸潰散。

林少貓，1865年（清同治4年）生，號義成，又稱小貓，鳳山縣阿猴（屏東）人，不識字。1897年（日本明治30年）率眾截擊鳳山、潮州間，聚眾數百人於鳳山城南風嶺起事抗日。隊伍迅速發展成數千人，常襲擊鳳山縣城、阿猴街等處日軍。1898年，林少貓與客家人林天福各率部眾

日本人用來關抗日游擊隊的竹籠。（莊永明提供）

攻打潮州辦務署，殺署長等人而去。

林少貓與台灣南部的望族陳中和相識，1896年，陳中和提供二甲多土地供日軍建築臨時守備隊兵舍。是年12月底，林少貓率軍突襲陳中和的和興公司，將所有的囤積物資搶奪一空，陳中和的右拇指也在人質的搶奪中嚴重割傷（面對抗日軍的不斷活動，陳中和舉家避居廈門，直到1897年秋才回來）。1899年5月，陳中和及打狗、阿猴士紳出面爲日本政府招撫林少貓。在招撫的過程中，少貓原不相信他的舊識陳中和的保證，後來在他的岳父，也是大地主楊寔的保證下，終於在1899年5月風風光光出來接受招安，並逼使日人接受其十項要求。林少貓與總督兒玉源太郎的議和十條款如下：

1.兒玉承認少貓屯兵於鳳山後壁林一帶。

2.後壁林之墾地，免向兒玉納稅。

3.少貓屯兵之地，嚴禁日軍往來。

4.少貓部下犯法，由少貓自行審理，兒玉不得擅自逮捕。

5.如其他地區土匪逃入少貓屯兵區內，由少貓逮捕後押送兒玉，兒玉不得派兵追捕。

6.如少貓部下外出，因攜帶軍械而被日軍逮捕，兒玉在接到少貓保證書後，即刻下令釋放。

7.少貓以前之債權，及被日軍沒收之財產，兒玉准許少貓索回。

8.以前日軍俘虜少貓之部下，自議和條款訂立後，兒玉立即下令釋放。

9.兒玉以至誠之心恩待少貓，少貓以至誠之心報效兒玉。

10.兒玉給少貓授產金二千元。

　　林少貓因此暫時確保了自己的勢力範圍。此後，林少貓致力經營農商，先後開墾水田百餘甲，並創建砂糖、釀酒廠等，其經營手法之高，不下於在北部歸順日政當局的陳秋菊，和迎接日軍的辜顯榮。日人甚至讚嘆他「治產貨殖之才為諸匪所不及」。另一方面，歸順後的林少貓也盡量壟絡日本官吏以圖自保。日本台灣總督府的《憲兵隊史》指林少貓歸順後，兒玉總督南巡時，林少貓還迎謁於阿緱街。

　　但是林少貓歸順不到五個月，日本就違背第四項約定，逕行逮捕少貓部眾，到了1902年5月，日本人全面誘殺的計畫準備妥當後，少貓終於被屠殺。

　　綜觀上述的抗日三猛，我們如果以過去單純二分法的「抗日史觀」來看，無論簡大獅、柯鐵虎或是林少貓，他們無疑的都成了抗日民族英雄。然而歷史人物的臧否，似乎不該如此單純。歷史學者翁佳音就曾經指出：「號稱抗日三猛的簡大獅、柯鐵（或簡義），在乙未抗日時也是未曾與日人開仗，甚至還有迎降日師的。」林少貓甚至還被附近鄉里的耆老們認為是危害鄉里的土匪。因此，與其從政治意義來看他們，不如從社會角色來觀察，可能較為貼切。他們之中，尤其是林少貓和柯鐵虎，屬地方角頭的色彩頗濃。他們擁眾據地自雄，可以和日本殖民統治當局攤牌，成為一股地方勢力。當日本殖民統治當局表面上佯稱承認其勢力的存在時，林少貓就可以「以至誠之心報效兒玉」了，這是哪一號的「民族英雄」？至於柯鐵虎雖然號稱「沾大清皇帝之鴻恩」，但其角色仍與林少貓近似。柯鐵虎這支屯兵山間，以「保護地方安寧」為由，向民眾徵收稅金的地方勢力，在議和條款中竟然還要「誓不為非作歹」，可見他予人有「為非作歹」的印象。再說，他們這些地方角頭的格局與眼界，其實都很狹隘，他們全然不知道大環境的局勢如何。已經進入明治維新，高唱「脫亞入歐」的日本，對台灣已有一套殖民統治的規劃，在近代化的行政體制下，豈容許其殖民統治的境內出現據地為王的局面？柯鐵虎、林少貓如果真以為日本當局會真心簽訂那種承認他們據地為王的條款，那就實在愚不可及了。

【基本參考資料】

◆翁佳音，《台灣漢人武裝抗日史研究》，1986，國立台灣大學文史叢刊74。
◆王育德，《台灣─苦悶するその歷史》，1970，日本東京，弘文堂。
◆許世楷，《日本統治下の台灣》，1972，日本東京大學出版會。
◆台灣史蹟研究會，《台灣史話》，1975，台中，張炳楠發行。
◆翁佳音，〈抗日猛貓─林少貓〉，收錄於張炎憲、李筱峰、莊永明編《台灣近代名人誌》第1冊，1987，台北，自立報系。
◆馮作民，《台灣歷史百講》，1966，台北，青文出版社。
◆簡笙簧，〈日據初期台灣北部抗日硬漢─簡大獅〉，1995年5月12～13日，淡江大學歷史系主辦「台灣史國際學術研討會」論文。

32 台灣總督府醫學校創立

日本領台之初，即首重醫藥衛生的改善，1899年3月創立「台灣總督府醫學校」，這是台灣史上第一所正規的醫學校，也是台大醫學院的前身。

1895年5月日本軍隊入台以來，面對台灣各地抗日軍的抵抗，直到是年11月中，台灣民主國結束，日軍死於戰爭的人數，總共只有164人。但是在同一時期中，日軍病死的人卻多達4642人，是戰死人數的40倍。台灣惡劣的衛生環境與疫病的流行，使得日軍適應不良。所以，日本統治台灣一開始，當務之急便是如何改善台灣的衛生環境，積極著手規畫醫療衛生的設備與制度。

日本人在台北城舉行「始政式」的第4天，就在大稻埕千秋街創設了「大日本台灣病院」，從日本派來醫師10名、藥師9名、護士20名，開始診療。這個病院，可以視為今天台大醫院的濫觴。

醫師人才的培養刻不容緩，因此在1897年4月，創辦醫學講習所，以養成台灣本地人醫師為目的，為台灣官設近代醫學教育的開端。

1898年3月，台灣總督兒玉源太郎起用曾任日本內務省衛生局長的後藤新平擔任台灣的民政長官。持「生物學統治論」的後藤新平，加緊醫療衛生的諸項發展：建立衛生行政體系、創辦公立醫院與醫學教育、制訂醫事人員管理規則、開創醫學研究風氣、改善公共衛生、健全防疫措施等。其中，「台灣總督府醫學校」的創立，可以說是台灣醫療史上的一件大事，對台灣往後的歷史也產生相當的影響。

「台灣總督府醫學校」於1899年3月創立，這是台灣史上第一所正規的醫學校。當

1910年代，醫學校學生上解剖課的情形。（採自莊永明《台灣醫療史》）

總督府醫學校的畢業學生參與許多社會運動，發出台灣人的心聲。

萃之地。因此，日據時代的醫學校及師範學校，不僅是培養專業人才的機關，同時也是孕育台灣社會領導階層的搖籃。日據時代許多台灣人醫師，不僅在診療室中替病人醫病，更有許多人走出診療室，投入大社會中，替台灣探病，為時代把脈，為社會投藥。這其中例如創辦台灣文化協會的蔣渭水、吳海水、林麗明、林瑞西等；台灣民眾黨的重要幹部韓石泉、王受祿；致力於農工運動及新文藝創作的賴和；從事農民運動的李應章、黃信國等人。在台灣1920年代蓬勃發展的各項民族運動、社會運動、政治運動當中，其重要領導幹部身具醫師身份者，真是不勝枚舉，他們幾乎清一色是「北醫」的畢業生。

時規定修業年限為4年，預科一年，學生來源除由醫學講習生轉入者外，又招考70名學生，全數編入預科。本科生修習內容為基礎醫學與各專科醫學，預科生則以日語、史地等通識教育為主。隨著學制的改變，修習的課程有所不同，不過我們可以發現，除了醫學專業課程外，日人對於倫理、修身、史地等通識教育一直都很重視。台灣早期許多菁英醫師，都有「跨行」的精彩表現，不是沒有原因的。

從1899年創校到1945年日本退出台灣，醫學校經歷醫學專門學校（台北醫專，簡稱「北醫」）、台北帝國大學醫學部等數度改制，即今日台灣大學醫學院的前身。自醫學校成立到日本退出台灣，總共培養了1888名台灣人醫師，其中繼續深造博士學位者有212人。

日本據台之初，因重視醫師人才及基礎教育師資的培養，因此「北醫」與「北師」（台北師範學校）成為台灣菁英青年薈

近百年來台灣的醫療發展，是台灣近代化過程中極重要的一環；而醫師成為近百年來台灣社會的特殊菁英，主導台灣近百年以來反抗強權的社會運動，發出台灣人的心聲，凝結成台灣人精神史的結晶。則當年「台灣總督府醫學校」的創立，對台灣歷史的影響，就不難想見了。

【基本參考資料】

◆陳永興，《台灣醫療發展史》，1997，台北，月旦出版社。
◆莊永明，《台灣醫療史》，1998，台北，遠流出版社。
◆陳君愷，《日治時期台灣醫生社會地位之研究》，1992，台灣師範大學歷史研究所專刊22。
◆林吉崇，《台大醫學院百年院史》，1997，台灣大學醫學院印行。
◆伊能嘉矩，《台灣文化志》。

33 後藤新平奠基殖民地建設

在近代世界史的殖民主義浪潮中，日本是東方唯一的殖民國家。過去沒有殖民經驗的日本，據有台灣之後，如何治理台灣，對他們來說是一大考驗。

日本自1895年6月據台後，到1898年3月爲止的將近3年之中，總共換了3任總督，從樺山資紀、桂太郎到乃木希典，他們的施政措施以軍事行動鎮壓抗日運動爲主，此外便是做一些安撫民心的工作，而少有建設績效，年年須由日本本國補貼預算。對於「不識字又兼無衛生」（台灣俗話）的台灣，日本政府曾經萌生退出台灣之意，國會中有人提出「賣卻論」，主張以一億日幣將台灣賣給法國。

然而，自1898年（明治31年）3月底第4任總督兒玉源太郎上任後，起用後藤新平擔任民政長官（任期從1898年3月到1906年11月），開始有計畫地推動各項近代化建設，使得台灣開始產生脫胎換骨的變化，對台灣往後的現代化，產生了結構性的影響。儘管每逢有人肯定後藤新平這段奠基台灣近代化的建設時，許多狂熱的「中華民族主義」者就會扣人以「日本皇民」的帽子，但是，我們仍應心平氣和地了解歷史的事實，否則歷史便毫無意義。

後藤新平對台灣的建設，可

說從醫療衛生工作開始（請參見本書上節）。1895年底，時任日本內務省衛生局長的後藤新平，受聘擔任台灣總督府衛生顧問（尚未就任民政長官）時，就有鑑於自來水及下水道建設爲改善衛生設施之重要工作，特推薦英國籍技師巴爾頓（W. K. Burton）來台，從事衛生工程的計畫建設。巴爾頓雖然在1899年8月病逝，但其計畫繼續進行。後藤上任民政長官這一年（1898），台北自來水道工事竣工，這是台

（左）第四任駐台總督兒玉源太郎（圖中右立者）與民政長官後藤新平，是奠定日本在台殖民地建設基礎的兩位重要人物。
（右）晚年的後藤新平。

1899年台灣銀行正式創立，是台灣第一個現代化金融機構。上圖為台銀總行，下圖為台銀發行的台灣銀行券。

灣史上有自來水之始。1905年，台灣已有兩處自來水廠，供水人口35,000人（到了1934年，自來水廠增至83處，供水人口已達1,105,000人）；而下水道的工程也積極進行，後藤上任後，即公佈下水道規則，之後，台灣各市街都有下水道的設施。台

灣下水道工程甚至領先日本本土的一些城市。

後藤任內已完成土地、林野、戶口的調查。其中戶口的調查，對於一個現代社會的諸項行政運作幫助甚大，沒有上軌道的戶政，則一切賦稅、選務、兵役……等行政，勢必難以進行。國民黨政府接收台灣時，對於日本在台灣的戶政，都忍不住讚嘆不已，國民黨能在台灣順遂統治、抽稅、徵兵、乃至後來實行民主政治，不能不歸功於自後藤時代就已經奠下的戶政基礎。

度量衡的統一，有助於商業的發展，自不在話下；而貨幣的統一，更大大助益於工商的發展。1899年，台灣第一個現代化的金融機構—台灣銀行—正式創立。在日據時代以前，台灣無銀行之類的金融機構，民間的借貸多賴典當或標會，商業或生產資金則多來自所謂的「媽振館」，所能融通的資金有限。以前也缺乏統一發行貨幣的機構，貨幣種類一百多種，容易造成幣值不穩，使用不便，影響交易進行。為了建立使用方便、幣值穩定、形式統一的貨幣制度，促進資金融通、振興產業，乃

（上）基隆港已有現代化的船舶。
（左）現代化的港灣加緊建設，此為基隆港。

中國發生辛亥革命的那一年，台灣的阿里山鐵路已經完工了。

後藤新平時代起，將製糖提昇為近代化的工業生產。

道官設計畫，發行公債作為建設基金，1899年工程開始動工，新竹以北的路線，僅就清朝時代原有的基礎加以改良，新竹以南到三義之間路線於1904年竣工；同年完成斗六到高雄路段；1908年4月，長達405公里的縱貫鐵路全線通車。再以阿里山登山鐵道來看，後藤經過一番林野調查後，為了配合開採阿里山豐富的林產，開始探勘開闢鐵道登山，1905年，總督府決定鐵路路線自樟寮以螺旋式繞登山頂，這條世界著名的登山鐵道，最後終於在1911年完工，這一年中華民國尚未出現，台灣已有登山鐵道了。

日本在台從事各種交通運輸建設，主要目的固然是為了建立商品的交易網路，也可以說在建立殖民地的剝削網路，但亦因而打通了以往台灣因溪流切割、交通落後所造成的隔閡，促進了全島性的溝通聯繫，助長了全島一體的台灣意識的萌芽。

有台灣銀行的設立。台銀不僅擁有貨幣發行權，也發揮商業銀行的功能，奠定台灣資本主義化的基礎。

再者，在後藤新平的推動下，對於郵政、電信、航運、港灣、鐵路、公路等交通事業，也加緊進行建設或擴充。試以縱貫鐵路為例，後藤上任後，先建立縱貫鐵

在產業方面，特將製糖提昇為近代化的工業生產。1900年底，總督府決定在台南市設立台灣製糖株式會社（其主要資本來自三井物產會社），這是台灣第一家新式製糖廠。此後到1910年之間，新興製糖、鹽水港製糖、明治製糖、大日本製糖、帝國製糖等株式會社也相繼成立，台灣糖業

蓬勃發展。不過，我們知道，日本在台灣的諸多建設，其主要目的在推行資本主義與殖民主義的政策，在產業開發上，日本本國財閥的資本，如雪崩似的傾注於台灣，與台灣總督府緊密結合，形成獨佔與壟斷的局面。日本政府對糖業採取相當保護的政策，如強制收購台灣農民耕種的土地，強制劃定甘蔗種植區，訂定收購價格，台灣蔗農不是受僱於糖廠，成為製糖會社的佃農，就須與製糖會社簽約，受到資本家的剝削。所以台灣有一句俗話說：「第一憨，種甘蔗乎會社磅」。

工商產業的發展需要動力。在日本入台之初，台灣電力事業僅顧及照明功能，不久即開始企劃水利設施以發展工業。後藤時代進一步開發水利發電，1903年設立台北電氣作業所，建台北深坑之龜山水力發電所，於1905年開始供電，這是台灣首座水力發電所。

台灣的財政，到了1904年以後，已經可以自力更生，無須再由日本本國中央補貼。這項改變，連當時流亡日本的梁啟超都忍不住讚嘆。

總之，後藤新平奠定日本在台的殖民地統治基礎，這是無庸置疑的。

【基本參考資料】
◆鶴見祐輔，《後藤新平傳》，1943，太平洋協會。
◆黃昭堂，《台灣總督府》，1981，東京‧教育社。
◆楊碧川，《後藤新平傳》，1994，台北，克寧出版社。
◆矢內原忠雄著，陳茂源譯，《日本帝國主義下之台灣》，1952，台灣省文獻委員會編印。

34 北埔事件

1907年11月，蔡清琳動員北埔一帶的隘勇、樟腦工人、原住民，襲殺當地的日本官廳人員及日本居民共57人，最後在日本援軍來到之後，潰散瓦解。

在半世紀的日本統治當中，武裝的抗日運動，大抵發生在日本領台的前二十年。這二十年間的武裝抗日運動，根據王育德的分期，將之分為三期：

第一期是1895年5月到11月的台灣民主國保衛戰。

第二期是緊接著台灣民主國結束之後（1895年底）到1902年之間，各地本土勢力發動的武裝游擊戰，幾乎每年都有武裝抗日行動，前面介紹過的簡大獅、柯鐵虎、林少貓的抗日行動，便屬於這一時期。

第三期自1907年（明治40年）的北埔事件起，到1915年（大正4年）的噍吧哖事件（西來庵事件）為止。

從以上的分期，我們可以發現，第二期和第三期之間（亦即自1902年到1907年之間），約有5年左右的停歇期（王育德稱之為觀望期），經過5年左右的停歇期之後，進入第三期的抗日行動，與第一、第二期的性質不盡相同，學者將之稱為「抵抗日人殖民地基礎工事的反抗」。換句話說，此時期的抗日行動，是因為不滿於日人推動的一連串殖民地措施，造成民間的損失，所引發的反抗。這時期的武裝抗日事件計有13起，而以1907年的北埔事件為

起點。我們試以這個個案為取樣來觀察：

北埔事件的領導人蔡清琳，1881年生，是北埔支廳月眉社（今新竹縣峨眉鄉）人。聽說他從小放浪不羈，並不受鄉人器重，但因機智能言，當過基層警員的巡查補。後來因為常與日本婦人私通，被革職，並被判兩次徒刑。出獄後，常受日警監視，又為了一名日本酒女而與人發生糾紛，遭日警刁難，因此對日本人心懷忿恨，乃想藉機報復。由於他當過巡查補（一說蔡清琳當過腦丁），與山地的腦丁（樟腦工人）、隘勇（守隘口的兵丁）很熟（日據時代隘勇多由原住民擔任）。當時日本總督佐久間左馬太正積極進行對原住民的武力鎮壓，想調北埔管區內的隘勇到大料崁（今大溪）一帶協助日軍鎮壓原住民，引起隘勇不滿。蔡清琳於是乘機向隘勇大事宣傳日人的暴政，並告訴他們：「我與清國兵已取得聯絡，被任命為『聯合復中興總裁』，協力要將日本人從台灣擊出。不久，清國兵將在舊港登陸，攻擊新竹。我們要和他們相接應，應先佔領北埔，把北埔的日本人全部殺死，隨後再去新竹和清國的軍隊會師，取得軍資武器，然後逐漸攻下全台。」蔡清琳並許諾事成

在日據時代，許多隘勇和腦丁是由原住民擔任。

後每人可得200圓及月薪20圓。隘勇、腦丁們紛紛表示願意參加蔡清琳的行動。蔡清琳又勸誘當地的泰雅族馬里哥灣群原住民，「熟番」頭目趙明政及黃得明果然率領族人加入。

1907年11月14日夜晚，蔡清琳的異父兄弟何麥榮率眾攻擊鵝公館、常坪、大窩分遣所，殺死日本巡查數名。翌日上午，蔡清琳打著「安民」「復中興總裁」兩支大旗，率眾一路殺進北埔支廳，首先殺死北埔支廳長，隨後殺死全體支廳的日籍人員。緊接著，凡居住在北埔的日本居民，不分男女，幾乎全部處斬，總計處死日人57人。

總督府聞報，立即派守備隊一中隊及警察120名，從新竹趕來北埔鎮壓。蔡清琳率腦丁、隘勇、土著約200多人，攻到距新竹10里的水仙崙，沒有見到任何清兵，卻遇上了日軍和日警。蔡清琳等人一見日軍湧到，立刻倉皇潰散，退入山區。原住民知道受蔡清琳的騙，心有不甘，在逃回山區後，乘蔡清琳睡覺時將其腦袋砍下。

日軍攻入隘勇線，當場被日軍槍殺的有81人。日軍搜捕餘黨，命令原住民主動交出暴動份子。頭目趙明政殺死逃回來的隘勇11人，將他們的頭交給日軍交差了事，但日軍仍繼續搜捕餘黨，總共逮捕一百多人。同年12月13日在北埔臨時法院開庭審訊，除領導人蔡清琳已經被殺外，有9名幹部被處死刑，其餘97人被判行政處分，結束這場虛幻的暴動。

中國流亡來台的歷史學者，每談起台灣抗日行動，總跳不出「偉大的中華民族主義」的框架，動輒就將台灣的抗日行動與中國本土銜接在一起，甚至在沒有任何證據的情況下，也要跟「偉大的國民革命」扯上邊。北埔事件也曾經被這類學者加以美化或神話化，試看以下這段敘述：「光緒廿六年（1900年），孫先生[按指孫文]為了策劃和接濟惠州的革命起義而來台，⋯⋯孫先生來台，和台灣革命抗日運動的發展，台灣革命和大陸革命的聯繫，發生更大的影響。⋯⋯1907年的蔡清琳革命，正好在惠州起義之後，他自稱『聯合復中興總裁』，聲言已得中國的策應，這中間的蛛絲馬跡，可以看到兩者之間的關係。」（見蔣君章《台灣歷史概要》）把一個因個人的放浪行為被處罰而引起仇日心理的人物，幾乎說成孫文革命運動在台的響應者，這種大膽的假設，不難看出其背後的政治目的。其實，自北埔事件起的第三期抗日行動中，除了發生於1913年1月羅福星等人的苗栗事件係受同盟會及孫文的影響外，其餘大多沒有什麼關連，甚至充滿著封建帝王思想，例如，1908年丁鵬廿八宿事件，

丁鵬稱將當新皇帝；1912年3月林圯埔的劉乾事件，稱將征服在台日人而為王；1912年6月黃朝在土庫起事，稱將為台灣國王；1914年5月羅臭頭在六甲起事，自稱台灣皇帝；1915年2月台中的林老才起事，也自稱台灣皇帝；1915年4月西來庵余清芳起事，揭櫫要建立「大明慈悲國」（詳見本書次節〈噍吧哖事件〉）。這些武裝抗日行動，雖然具有強烈的民族意識，但是尚未具備近代民族運動的性格，擺脫不掉舊時代的「易世革命」的觀念。許多事件，甚至只是一些草莽英雄的暴虎憑河之舉，雖然激昂慷慨，但其見識實在不值一哂。

　　倒是從經濟與社會的角度來看，有值得吾人注意之處。在上述第二、第三期的抗日行動中，確有經濟因素存在。按日本領台後，先後頒布許多與產業有關的經濟法令與規則，例如「礦業規則」、「糖業規則」、「樟腦及樟腦油專賣及製造規則」、「土地調查規則」等等，發生許多權利問題，造成礦工失業、台人樟腦被侵佔、土地被兼併等等問題，因此抗日行動中，不乏礦工、樟腦工、茶工、農民等份子。北埔事件中，參與份子多的是腦丁，就是一例。如果沒有這麼多生計發生困難的「社會山賊」（Social Bandits），則任憑像蔡清琳這樣放浪不羈的人如何煽動仇日情緒，也不見得能掀起抗日行動。從這個角度來理解，才能擺脫「中華民族主義」與「響應辛亥革命」之類的神話。

【基本參考資料】

◆馮作民，《台灣歷史百講》，1966，台北，青文出版社。

◆翁佳音，《台灣漢人武裝抗日史研究》，1986，國立台灣大學文史叢刊74。

◆王育德，《台灣—苦悶するその歷史》，1970，日本東京，弘文堂。

◆許世楷，《日本統治下の台灣》，1972，日本東京大學出版會。

◆台灣史蹟研究會，《台灣史話》，1975，台中，張炳楠發行。

◆蔣君章，《台灣歷史概要》，1970，台北，褚俊一發行。

35 噍吧哖事件

1915年余清芳以宗教迷信動員民眾，爆發噍吧哖抗日事件，這是武裝抗日運動中，相當慘烈的一次。

本書前節曾介紹台灣的武裝抗日大抵發生在日本領台後的前面20年，這20年間的武裝抗日行動，以1915年（大正4年）的噍吧哖事件做爲休止符。其後，除了1930年由山地原住民發動的霧社事件之外，不再有大規模的武裝抗日行動，台灣的抗日（反日）行動，轉而成爲非武裝的文化、社會運動。所以1915年的噍吧哖事件，彷彿成爲台灣武裝抗日與非武裝抗日運動的分水嶺。但是，雖說是分水嶺，卻是犧牲最多、最慘烈的一次抗日行動，值得我們觀察、反省。

噍吧哖事件的主謀者是余清芳，所以此事件又被稱爲「余清芳事件」；余清芳透過台南市的廟宇西來庵招募黨徒，西來庵是其密謀起事之地，所以此事件也被稱爲「西來庵事件」；而抗日行動爆發的地點在噍吧哖（今台南縣玉井），所以通稱此事件爲「噍吧哖事件」。

余清芳（方），1875年出生於台灣屏東，後遷居路竹。小時候進過私塾讀漢學，做過雜貨店傭工。日本領台後，他進過公學校就讀，所以略通日語。21歲左右當過基層警員巡查補，不過，根據日方資料，余清芳在巡查補任內，因爲涉嫌詐欺

案遭解職。因平日熱衷宗教，常奔波各地寺廟當扶乩看字的先生。1908年嘉義朴子有一雜貨商丁鵬，宣稱將任台灣皇帝，以符法之說，組織宗教迷信的祕密抗日結社，遭日人偵破，余清芳因牽涉此案，於1909年初被一併送往台東流氓收容所管訓3年。出獄後，做過保險公司業務員，也開過販賣酒類的店舖，1914年到台南開了一家碾米廠。他時常出入於台南市的西來庵，在那裡結識大目降（新化）的富豪蘇有志與歸仁的「鄭利記」（鄭利）。余清芳藉託宗教進行抗日革命的念頭日漸成形，開始宣傳宗教的救贖，並因此與齋教的羅俊結合，也結交台南縣南化的土豪江定。

羅俊，1855年生於他里霧（今雲林斗南），曾當過日本人設立的保良局書記，也經營漢藥店。保良局廢止後，羅俊一邊行醫，也一邊替人看風水，在嘉義、彰化一帶頗有聲名。1900年後，他曾赴中國、南洋等地賣卜行醫，1907年頃回台，因妻離子歿，藥店又爲姪子霸佔，乃再度遠遊，在廈門經營漢藥店。1914年8月，一位來到廈門的台南人告知羅俊，台灣出現神主，台南西來庵余清芳正在招募同志，圖謀推翻日人。平日篤信這套神話的羅俊，聞言

而喜，認為歸鄉長住有望。同年12月，羅俊回台，一方面宣傳祭祀「玉皇大帝」「九天玄女」，傳授符法，宣傳齋教，並開始與台南的余清芳接觸，兩人透過宗教手法，吸收抗日同志，一拍即合。

江定，1866年生，台南南化人，是當地富有聲望的土豪（屬大小租戶向佃農徵稅的地主）。曾於1897年被舉為區長。因與一位張姓同鄉發生衝突將對方擊斃，噍吧哖的憲兵要逮捕他，他乘隙逃入附近山中。日人入台後實施土地所有權的改革，廢大租權，江定的地主權利被剝奪，因此反日心情自不待言。逃入山區後，江定開始率眾抗日，並與余清芳取得聯絡。

余清芳以宗教迷信方式來號召群眾。他曾遠至新竹分發善書，宣傳台灣已出現神主，將助台人驅逐日本犬虜，建立「大明慈悲國」，台人得以減輕賦稅，參加革命的可論功行賞。他的信眾日漸增加，終於驚動日本警察情治當局。當局得訊後，廣貼余清芳、羅俊的相片，通緝他們。羅俊逃入嘉義竹崎山中，余清芳則率眾退入噍吧哖一帶山區，並倉促在1915年的7、8月間發動攻擊。他發表諭文稱：

余清芳　　　羅俊

「大明慈悲國奉旨本台征伐天下大元帥余示諭。……聖神仙佛，下凡傳道，門徒萬千，變化無窮。今年乙卯五月，倭賊到台二十有年已滿，氣數將終。天地不容，人神共怒。我朝大明國運初興，舉義討賊，興兵伐罪，大會四海英雄。……」

拿著傳統的刀劍干戈和宗教法器，要和日本現代化的軍隊對抗，無異是暴虎馮河。余清芳這支激昂慷慨的反抗軍，其實可說是清末「義和團」的台灣版，註定失敗是無庸置疑的。日本的大砲車隊轟隆隆經過大目降（新化）進入噍吧哖去轟擊反抗軍，余清芳與江定敗退內山，見情勢不可為，遂議定解散部眾。8月21日，余清芳一行8人游渡到今楠西鄉紹興村，翌日為該村村民詐捕送交噍吧哖支廳。

逃入嘉義竹崎山區的羅俊於6月底被捕獲，9月6日遭處絞刑。余清芳也於9月23日被處絞刑。江定則仍隱匿於山區數月，最後日本當局動員地方士紳，以「從寬處置」為條件向他誘降，江定信以為真，接受招安，下山享受一個月的自由，但最後仍遭日本當局託辭逮捕處死。

總計這次事件，被捕一千多人，其中866人被判死刑，453人處有期徒刑，217人行政處分，86人無罪。由於死刑人數太多，那一陣子台灣天天都在執行死刑，引起日本國會裡面部份具有人道精神的議員的反對，因此在執行95名死刑之後，其餘皆被改判無期徒刑。強權霸政的殖民統治當局，也有其人道的一面。不過，據說日軍在剿滅余清芳反抗軍過程中，曾在噍吧哖一帶有屠村情事發生，死傷人數多寡，說法不一，惟目前無直接證據以資了解。

（上）余清芳（坐人力車者）等人犯被押解遊街，經過
　　　台南車站前的情景。
（下）事件被告（頭戴頭罩）被提出庭。

　　噍吧哖事件後，台南的西來庵遭日人
拆毀，裡面供奉的王爺公也因此遭移走。
余清芳在西來庵結交的蘇有志、鄭利等人
也死亡。所以事件後，台南民間流行著這
樣的口訣：

　　「余清芳，余清芳，趕走亭仔腳王爺
公；王爺公，無保庇，害死蘇仔志；蘇仔
志，無仁義，害死鄭仔利。」

　　很明顯的，一般民間並沒有給予余清
芳等人正面的評價。或許，這是受日本統
治當局對余清芳等人扣以「土匪」「匪徒」
的宣傳的影響。

　　持平而論，余清芳等人當然不是打家

劫舍的土匪，其民族革命的意味無庸置
疑。只是，他們的行動還停留在前近代。
當時，中國的辛亥革命已經完成，日本的
明治維新也已告一段落，余清芳卻沒有一
點共和思想或憲政概念，反而還幻想著
「我朝大明國運初興」，利用宗教迷信，鼓
動「義和團」式的愚民，雖然慷慨抗日，
卻是悲劇一場。

【基本參考資料】
◆翁佳音，〈最後武力抗日三豪傑—余清
　方、羅俊、江定〉，收錄於張炎憲、李筱
　峰、莊永明編《台灣近代名人誌》第2冊，
　1987，台北，自立報系。
◆翁佳音，《台灣漢人武裝抗日史研究》，
　1986，國立台灣大學文史叢刊74。
◆王育德，《台灣—苦悶するその歷史》，
　1970，日本東京，弘文堂。
◆馮作民，《台灣歷史百講》，1966，台
　北，青文出版社。
◆台灣史蹟研究會，《台灣史話》，1975，
　台中，張炳楠發行。
◆林秋鵑口述

36 台灣教育令的頒布

1919年1月4日，台灣總督府以敕令第1號制定「台灣教育令」，這是日本在台教育施行的法律依據，日本在台的教育制度乃告確定。

日本入台一個月後，1895年（明治28年）7月16日，即在台北士林的芝山巖上的開漳聖王廟及文昌祠設立學堂，教授日語。雖然不久有6名教師遭抗日份子殺害，日人仍稱此處為「台灣教育發祥地」，這是日本在台辦教育的開始。翌年（1896年）4月，台灣總督府在全台各重要城市設立「國語傳習所」（所謂「國語」當然是指日語），以培養基層公務員和通譯人才。1898年，進一步將各地國語傳習所改為6年制的「公學校」，企圖取代傳統的書房，鼓勵台灣小孩入學新式教育的公學校讀書。不過，早期日本人在台灣的教育分為日本人和台灣人雙軌制，台人的教育依據總督府頒布的學校官制、規則和學校令，在台日

台南第二高女的排球比賽。

人的教育則根據日本內地的學制。因之，台灣小孩就讀「公學校」，而日本兒童就讀的，另成一系統，叫做「小學校」。「公學校」與「小學校」課程內容不同，深淺也有別。

除了初等教育外，中等教育設施尚不完備，日本入台的第二年，1896年5月，先在台北設立三至四年制的「台灣總督府國語學校」，以培養公學校師資及實業人才（「國語學校」共分成國語部、師範部、實業部三大部門），這是當時台灣的最高學

日據時代公學校的運動會。

（上）原住民小孩在簡陋的教室中開始接受教育。
（下）原住民小孩學習刷牙。

案，採所謂「同化政策」，大唱「內地延長主義」。加以台灣的資本主義化，日本治台已有起碼的基礎，因此日政當局考慮有提高普通教育及技術教育之必要。而台灣也因受世界性民族運動浪潮的影響，民族運動正方興未艾，台灣留日學生漸多，深感台胞受教育機會不多，台灣各級教育欠完備，致平日諸多不滿。台灣總督府乃及時頒布教育令，以轉移輿論，以期一面收同化作用，一面表示「一視同仁」。

台灣總督府遂於1919年1月4日，頒布「台灣教育令」，共分6章32條。在台灣的一切教育設施，以此為根據，各級教育機關的系統，至此乃告確立。根據這個教育令，台灣的教育制度與設施，有了包括如下的變革：

一、停辦「國語學校」，設立台北及台南師範學校。

二、公立台中中學，改稱公立台中高等普通學校，做為台灣人的中等教育機構。另新辦台北女子高等普通學校。

三、創辦獨立的實業學校（但日本人和台灣人仍各一系統）。

四、將1899年創辦的總督府醫學校，改名為「醫學專門學校」。另新辦「農林專門學校」，各校都專收台灣人子弟。

日據時代台灣社會上通稱的「北師」與「北醫」的稱號，就是在這個時候出現

府；1899年創立「台灣總督府醫學校」，以培養醫療人才（詳見本書第32節〈台灣總督府醫學校創立〉）；此外，設有農事試驗所，以及工業、林業、糖業等講習所。1915年（大正4年），因台人的請願和投資，又設立4年制公立台中中學。以上是1919年以前，日本在台灣實施教育的概況，迄未在台灣建立完整的學制。

隨著第一次世界大戰結束，日本國內外政局丕變，日本治台政策也有了新的方

的。原稱「國語學校」的北師，和原稱「醫學校」的北醫，在過去是台灣的兩所最高學府，當時有人稱這兩所學校是「台灣的劍橋與牛津」，是當時台灣菁英青年薈萃之地，孕育了不少日後台灣社會的領導菁英。

1922年2月，總督府另頒布新「台灣教育令」，明訂中等以上學校（師範學校除外）取消台、日人的差別待遇及隔離教育，實施所謂的「內台共學」。這是為了配合此時期的所謂「同化政策」，認為「內台共學」為同化最佳途徑。形式上，台人可以接受與日人程度相同的中等以上教育，然而實際上，「共學」的結果，只是提供在台日人子弟更多的教育機會，台灣子弟因為在起跑點上仍佔劣勢，難以和日人子弟競爭。

1941年，再度修訂「台灣教育令」，取消「公學校」和「小學校」的差別，一律改稱「國民小學」。

但不管台灣教育令如何確立台灣的教育體制，如何地標榜「內台共學」「一視同仁」，其殖民地教育的本質並沒有改變。我們從「台灣教育令」中有關教育政策的規定，便可明白，試看1919年台灣教育令的第一章第二條：「教育基於教育敕語之旨趣，以育成忠良國民為本義。」台灣總督府解釋台灣教育令制定之目的也強調說：「……台灣之教育，在於觀察現今世界人文發達之程度，啟發島民順應之智能，涵養德性、普及國語，使之具備帝國臣民應有之資質與品行」。其中要養成「忠良國民」、「帝國臣民」等語，便可看出其殖民教育的本質。尤其到了後期的「皇民化」時期，意識型態的灌輸，更是變本加厲，對台灣子弟進行政治洗腦。

不過，如果拋開「帝國臣民」等政治上的意識型態部份不論，日本在台推動的新式教育，確實讓台灣社會產生了相當的質變。過去文盲佔大多數的台灣社會，因教育的普及化，使得文盲日漸減少。到了1943年，台灣的學齡兒童的就學率，已經高達71.3%（山地更高達86.4%），這個數字，中國在20年後才勉強達到。無怪乎，戰後之初，一些來自中國的記者作家，看到台灣的三輪車夫可以在路旁看報紙、女傭閒暇時可以閱讀小說，相當驚嘆，發為新聞。

除了識字率的提高之外，台人透過新式的現代教育，接受近代西方文化、基本科技，以及新思想、新觀念，而在文化層面起了大變化。過去農業社會以旬、朔望為日常生活作息的方式，現在開始改成星期制的作息；過去繼承自中國傳統農業社會的陋習，如不衛生、不守時、不守信、無法治觀念等，也透過教育而有了相當的改變，使得台灣社會逐漸從俗民社會（folk society），過渡到市民社會（civil society）。這是日本在台推動教育的重要影響。

過去抱持「抗日史觀」的二分法思考的部份中國學者，喜歡把日據時代的教育講得一文不值，特別是責備日本人在台灣實行的教育是不平等的差別教育，甚至以「奴化」來形容。不錯，日本時代的教育確實不平等，日本人確實也在台灣進行政治洗腦，不過，被責備為「不平等」的當時台灣教育，比起清朝時代，或比起同一時

代的中國教育，已經普及太多了。只考15分的人取笑考55分的人不及格，真是可笑。

　　至於只知道批評日人在台實施「奴化」教育的人，他們也忘了日本人從「國語學校」時代到改制為「台北師範」的前期，都開有「漢文」課程，延聘著名的台灣漢學家（例如劉克明）任教，上課時以福佬語（閩南語）研讀古文，相較於號稱「祖國」的國民黨政府一進入台灣不久，就以「推行國語」名義，禁止師生使用自己的母語，簡直不能同日而語。至於從要求學生高喊「天皇萬歲」的教育，到了國民黨政府來了之後，要學生改口喊「蔣總統萬歲」的教育，雖然口號有別，但其本質則無二致，都是典型的「國家神學」的奴化教育。「蔣總統萬歲」的奴化教育，有什麼資格取笑「天皇萬歲」的奴化教育？

【基本參考資料】
◆吉野秀公，《台灣教育史》，1927，台北，台灣日日新報社。
◆徐南號主編，《台灣教育史》，1993，台北，師大書苑。
◆吳文星、張勝彥等，《台灣開發史》，1996，台北蘆洲，國立空中大學，第14章第2節〈殖民教育與文化〉。
◆汪知亭，《台灣教育史》，1959，台北，台灣書店。
◆吳文星，《日據時期台灣師範教育之研究》，1983，台灣師大史研所專刊（8）。
◆戚嘉林，《台灣史》，1991，台北，作者印行。

37 東京台灣留學生成立新民會

1920年1月，一群留學日本東京的台灣留學生組成「新民會」，從事政治運動，發行刊物，帶動二〇年代台灣的多項社會運動。

日本在台灣實施相當普及的初等教育，其目的之一在培養「忠良」的「帝國臣民」，然而這些為數可觀深受日本教育和文化洗禮的知識青年，有許多人反而成為1920年代台灣民族運動的推動者與參與者。

在台北帝國大學尚未創立之前（1928年創立），青年學子在受完中等教育或專科教育而想進一步深造的話，只能到島外去留學。當時留學生聚集最多的地方是日本東京。台灣近代的民族運動、社會運動，可以說是由在東京留學的台灣知識青年首度推動展開，而這些運動的展開，有其時代背景。

日本明治天皇末期及大正天皇初期（19世紀末、20世紀初），日本本土內部興起社會主義與自由民權的思潮與運動（當然這也是受世界性思潮的影響），這些思潮與運動，衝擊著當時在日本留學的台灣留學生，為二〇年代即將在台灣展開的政治、社會運動，埋下歷史的伏筆。

更為重要的是，這些歷史的伏筆，在1917、1918年頃，受到世界局勢的激盪而終於浮現出來。1917年，俄國二月革命推翻長達三世紀的羅曼諾夫王朝，繼而同年

列寧的十月革命，建立蘇維埃政權，連1918年避居上海的孫文也電賀列寧革命成功。俄國革命成功對世界上的社會主義思潮有著推波助瀾的作用，使得社會主義成為1920年代世界思潮的主流，而且對於掙扎在差別、壓迫、搾取的殖民地人民而言，俄國革命成功對他們無異是一大鼓舞。繼之，一次世界大戰結束的1918年1月，美國總統威爾遜（T. W. Wilson）發表了戰後國際政治原則的「十四點宣言」，其中所提到的「民族自決」原則，也帶給世界上殖民地的弱小民族極大的鼓舞，因此，大戰後在歐、亞、非的一些弱小民族，風起雲湧地興起民族自決或民族獨立

1930年代發行的新民會刊物。

1921年，以台灣留學生為主體的「新民會」在東京成立。第二排左四為蔡惠如，左五為林獻堂。

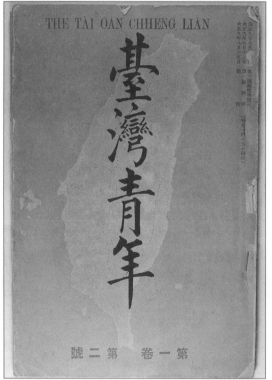

THE TAI OAN CHHENG LIAN

臺灣青年

號二第　卷一第

《台灣青年》對島內部份知識份子有很大的啓蒙作用。

運動。例如，同樣受日本殖民統治的朝鮮，於1919年3月發生了「萬歲事件」的獨立運動。3、4月間，在全朝鮮的618個場所，發生了332回暴動，以及757次的示威運動；而翌月，中國也發生五四運動，掀起反日的熱潮；同年愛爾蘭也獨立……。

1915年（大正4年）在東京的台灣留學生總數300多人，到了1922年已達2400多人，這些留學生在外接觸新的資訊和思潮，思想大受啓發。1919年底，台中清水望族出身的漢學家、有「台灣留學生的大家長」之譽的蔡惠如，及霧峰林家出身的林獻堂，聯絡當時在日本東京留學的台籍知識青年（包括較活躍的林呈祿、黃呈聰、蔡培火、鄭松筠、彭華英、王敏川、王鐘麟等等），開始組織團體，經過幾次調整之後，終於在1920年1月11日成立「新民會」，糾集會員一百多人，舉林獻堂爲會長，並決定三項行動目標：一、從事政治社會改革運動，以增進台灣同胞的幸福；二、發行機關刊物，以擴大宣傳，並聯絡各界互通聲氣；三、圖謀與中國同志接觸之途徑。

第一個目標的具體表現，就是「六三法撤廢運動」的推動；第二個目標的具體表現是《台灣青年》雜誌的創辦。

「六三法撤廢運動」，顧名思義，是要向日政當局要求撤廢對台灣差別待遇的「六三法」（詳見本書第29節〈日本頒行六三法〉），但不久，大家接納林呈祿的建議，在六三法所認定的台灣特殊地位的前提下，轉向推動「台灣議會設置請願運動」

（詳見本書第39節〈台灣議會設置請願運動〉）。

　　至於《台灣青年》雜誌的創刊，由於新民會會員多爲財力有限的留學生，創辦刊物談何容易？當時有任俠之風的蔡惠如，不顧自己經商失敗的窘境，於前往北京之前，在東京車站悄悄掏出1500圓交給前來送行的林呈祿說：「這些款項給你們充作創刊之用，就算只能發刊一、二期，也要實行。」蔡惠如這1500圓感動了這些青年人，終於催生了《台灣青年》雜誌的創刊。發刊詞中揭櫫發刊的旨趣，在於介紹內外文明、詳論台灣政治應討論之事、爭取台灣的政治自由與文化的啓蒙，並謀日華之親善。《台灣青年》創刊於1920年7月，當初只獲准在日本本土刊行，不得在島內發行。然而，春風關不住，《台灣青年》卻漸漸在島內（包括北師和北醫）的青年學生手中偷偷流傳起來，影響了島內的部份知識青年，例如當時正在台北師範就讀的一位學生領袖林秋梧，便經常將《台灣青年》雜誌帶到學校給同學們偷偷傳閱。《台灣青年》發行18期，改名爲《台灣》繼續發行，後來又創刊《台灣民報》，繼而改組爲《台灣新民報》，在島內發行，被稱爲日據時代唯一的「台灣人民的喉舌」（詳見本書第41節〈台灣民報創刊〉）。

　　總之，新民會的出現，爲1920年代台灣的各項民族運動、社會運動起了帶頭啓動的作用，自有其不可磨滅的歷史意義。

【基本參考資料】
◆詹素娟，〈台灣民族運動的開路先鋒—蔡惠如〉，收錄於張炎憲、李筱峰、莊永明編《台灣近代名人誌》第4冊，1987，台北，自立晚報出版部。
◆王育德，《台灣—苦悶するその歷史》，1970，日本東京，弘文堂。
◆許世楷，《日本統治下の台灣》，1972，日本東京大學出版會。
◆葉榮鐘等，《台灣民族運動史》，1971.台北，自立晚報出版部。
◆李筱峰，《台灣革命僧林秋梧》，1991，台北，自立晚報出版部。

38 台灣地方改制

1920年，台灣總督府修訂地方官制，台灣行政區劃重新改訂，並乘地方改制的同時，大幅度更改地名。

一次大戰結束後，日本政局有了新的變貌。1918年（大正7年）9月，原先的寺內正義內閣因為「米騷動」事件而瓦解，內閣改組，原敬內閣誕生。這個新內閣與過去的藩閥、官僚內閣完全不同，是一個政黨內閣，是日本帝國憲政史上的劃時代之舉，日本政治也進入所謂「大正民主時期」。日本對台灣的殖民政策也做了修正，於1919年11月，結束武官總督時期（日本據台的前7任總督皆為軍人總督），改派文官擔任台灣總督。第一代文人總督田健治郎，高唱「日台一體」、「日台共學」、「內地延長主義」，宣稱要扶植台灣人自治，遂有1920年台灣地方改制的推行，台灣行政區劃有了新的改變。

1920年10月，田健治郎公告「台灣州制」、「台灣市制」及「台灣街庄制」，使州、市、街庄不僅是行政區劃，而且也是地方公共團體。除了東部保留原來的台東、花蓮港二廳舊制外，廢除台灣西部原來的10廳，改設成台北、新竹、台中、台南、高雄等五州。台北州包括今天的台北市、台北縣、桃園縣、宜蘭縣、基隆市；新竹州包括今天的新竹縣、新竹市、苗栗縣；台中州包括今天的台中縣市、彰化縣、南投縣；台南州包括今天的台南縣市、嘉義縣、雲林縣；高雄州包括今天的高雄縣市、屏東縣（戰後中國國民政府接收台灣之初所實行的大縣制，便是沿襲此時的行政區劃，將州改為縣，直到1950年才廢大縣改為16縣5市）。

在州、廳之下設有47郡，3市（台北、台中、台南3市）、5支廳、263街庄，以及18區。州設有州知事、市設有市尹、郡有

台灣第一位文人總督田健治郎。

郡守、各街長有街長及庄長，皆爲官派，處理委任事務。州、市、街、庄都設置有協議會，作爲州知事、市尹、街長、庄長的諮詢機關。但是協議會員悉由台灣總督及州知事任命，而非民選，且明定各級議長分別以州知事、市尹、街庄長兼任。日本人自詡這是地方自治，但是從事台灣民族運動的楊肇嘉於1928年發表的〈台灣地方自治制度〉一文中，則痛加批評說：「田總督制定假自治制，在州、市、街庄設置了協議會，總是並沒有議決權，不過是諮詢機關而已，而且以官廳任命的議員組織，全然不由人民公選。這種有名無實的官選諮問機關，叫做地方自治制度，實在未免欺人自欺太甚了。」

　　總督府乘行政區劃更改之便，將台灣各地的許多地名也做了大幅度的改名。當時更改地名的方式，除了將日本本土的地名拿來台灣重複使用（例如「錫口」改名「松山」；林圯埔改名「竹山」、「阿公店」改叫「岡山」）之外，常見的改名方式是以諧音來轉換，例如「艋舺」改名「萬華」，因爲「萬華」的日本讀音「まんか」與「艋舺」的原來讀音（閩南音）非常接近。這種用諧音更改地名的例子多不勝舉，如「打狗」改做「高雄」（たかお）；「三角湧」改做「三峽」（さんきよう）；「湳仔」改爲「名間」（なま）；「茄苳腳」改爲「花壇」（かたん）；「鹹菜棚」改爲「關西」（かんさい）；「噍吧哖」改爲「玉井」（たまい）等等。台灣許多地方目前所使用的地名，就是在此時確定下來的。

改訂後的台灣行政區劃

【基本參考資料】
◆黃昭堂，《台灣總督府》，1983，日本東京，教育社。
◆吳文星、張勝彥等，《台灣開發史》，1996，台北蘆洲，國立空中大學，第12章〈統治政策與體制〉。
◆楊肇嘉，《台灣地方自治問題》，1928，東京，新民會刊印。

39 台灣議會設置請願運動與治警事件

1921年1月30日，一群台灣社會精英首度向日本帝國議會提出設置台灣議會的請願，展開長達14年的「台灣議會設置請願運動」。1923年第三次請願後，日本當局於12月16日，對議會運動的活躍人士，進行全島性的整肅，爆發「治警事件」。

1924年，台灣議會請願團抵達東京時，與前來歡迎的台灣留學生合影。

林獻堂因為帶領台灣議會設置請願運動，被譽為「台灣議會之父」。

本書前面曾經介紹，1920年初，林獻堂、蔡惠如糾集台灣留日學生於組成「新民會」時，決議推動「六三法撤廢運動」。此運動原先的主要目的，是在要求撤廢對台灣造成差別待遇的六三法。但不久，大家接納林呈祿的建議，在六三法所認定的台灣特殊地位的前提下，要求在台灣設立擁有立法權、預算審查權的台灣議會，賦予自治的權利，因此，運動遂轉向成為「台灣議會設置請願運動」。這項運動，成為1920年代到30年代初期台灣社會運動的主流。

在當時的日本帝國主義的殖民體制下，要求日本當局准許台灣人自己設立擁有議決權的議會，簡直是異想天開，即使是當時的運動先輩們，也都知道那是一件談何容易之事。然而，此運動的意義不在結果，而是在其過程。

請願的過程，首先在全島各地徵求簽署，然後推派請願代表準備赴東京請願，行前還舉行餞行活動（集會演說）。請願代表抵達東京時，台灣留學生發動迎接，並

（左）請願代表與留學生合影，後排右二陳逢源、右三楊肇嘉、右四蔡培火、右五林呈祿。
（下）台灣議會設置請願運動請願書。

遊行東京市街，散發請願傳單，表達台灣人的心聲，最後到日本帝國議會遞交請願書。最後當然都遭帝國議會駁回，但請願的過程，本身即是一種社會教育，藉以引起台灣人民及日本人民的注意。在第三次請願時，有一位在飛行學校留學的台籍青年謝文達，甚至還駕駛著飛機在東京上空散發傳單，相當引起注目。

台灣議會設置請願運動從1920年起到1934年止，前後共14年，先後向日本國會提出請願共15次，簽署人數高達二千六百人。首腦人物有林獻堂、林呈祿、蔣渭水、蔡培火、蔡惠如、楊肇嘉、陳逢源、林幼春等人。

第三次請願時（1923年2月），蔣渭水、蔡培火等人決定組織一個常設團體，以做長期抗爭，遂有「台灣議會期成同盟會」的產生。不料，這個組織違反了日本於同年初頒布的「治安警察法」，於是日本

當局於12月16日在全島各地對議會運動的活躍份子進行一場大逮捕，全島各地的會員及相關人士紛紛受到日警當局的傳訊、搜宅、調查、跟蹤，一時風聲鶴唳，此即所謂「治警事件」。這次的整肅行動中，被扣押者41人，被搜查及傳訊者11人，被搜查者12人，被傳訊者35人，一共99人，最後計有18人被起訴。但是出乎意料的是，

治警事件中的被告與律師合影。

初審判決時，被告全部獲判無罪。初審法官崛田眞猿在判決中表示：「……我相信被告所說的話，是三百萬台灣島民向日本帝國所要說的。在尊重彼等人格，並為日台人之間的融合起見，非故意無視台灣的施政方針，蓋以法規為根據而公平審理者也。」但因檢察官三好一八不服上訴，二審時，有12人被叛徒刑，最高刑期是四個月（蔣渭水、蔡培火），次為三個月（蔡惠如、林呈祿、林幼春、陳逢源）。

這些菁英入監時，民眾夾道歡送，場面感人。例如蔡惠如從清水家中到台中入監，當他從火車站一出來，沿街民眾自動燃放鞭炮，高呼萬歲，台中警察署長騎馬（鎮暴馬？）揚鞭驅趕民眾，但民眾散而復聚，一直跟到監獄門口。蔡惠如─被譽為「台灣民族運動的鋪路人」─在獄中寫下了這闋感人的獄中詞〈意難忘〉：

芳草連空，又千絲萬縷，
一路垂楊千愁離故里。
壯氣入樊籠，
清水驛，滿人叢，握別在台中。
老輩青年齊見送，感慰無窮。
山高水遠情長，
喜民心漸醒，痛苦何妨。
松筠堅節操，鐵石鑄心腸。
居虎口，自雍容，眠食亦如常。
記得當年文信國，千古名揚。

這些入獄的菁英，幾乎每個人都能詩擅文，而且都留有獄中創作，不勝枚舉。例如被譽為日據時代台灣的三大詩人之一的林幼春（南強），有許多獄中詩作，試舉

其中題為〈獄中寄內〉的一首七律如下：

板床敗薦尚能詩，豈復牛衣對泣時。
到底自稱強項漢，不妨斷送老頭皮。
夢因眠少常嫌短，寒入春深卻易支。
昨夜將身化明月，隔天分照玉梅枝。

善寫歌詞的蔡培火，在獄中填了一首〈台灣自治歌〉，我們試以閩南語朗讀，體會一下他們當時為台灣奮鬥的心情：

蓬萊美島眞可愛，祖先基業在，
田園阮開樹阮栽，勞苦代過代。
著理解，著理解，
阮是開拓者，不是戇奴才。
台灣全島快自治，
公事阮掌才應該。

治警事件使得台灣民氣更加旺盛。蔣渭水、蔡培火等人服刑期滿出獄後，台灣議會設置請願運動繼續推動，配合著當時台灣文化協會的文化啟蒙運動（詳見本書第40節〈台灣文化協會創立〉），使得台灣的民族運動、社會運動，逐漸進入高潮。

台灣議會設置請願運動前後持續了14年，一直到1934年9月，隨著日華關係的緊張、日本對台殖民政策開始緊縮，終於遭日本總督命令停止。

台灣議會雖然功敗垂成，但是這段台灣人追求民主自由的奮鬥史，仍有其無可磨滅的歷史意義。學者周婉窈解釋台灣議會設置請願運動的歷史意義有四：一、它是台灣武力抗日運動轉變為近代式政治運動的第一個運動；二、它是台灣民眾試圖

1925年，第6次台灣議會設置請願歸來，基隆地方人士歡迎請願代表，合影留念。前排中坐者為林獻堂，右五為楊肇嘉。

突破殖民地統治困局的一項自發性努力；三、在內涵上，它是最典型的以啓蒙思想與爭取政治權利爲主旨的近代式政治運動；四、它是日據時代規模最大、歷時最久的政治運動。

【基本參考資料】

◆周婉窈，《日據時代的台灣議會設置請願運動》，1989，台北，自立晚報出版部。

◆若林正丈，《台灣抗日運動史研究》，1983，日本東京，山本書店出版部。

◆葉榮鐘等，《台灣民族運動史》，1971，台北，自立晚報出版部。

◆許世楷，《日本統治下の台灣》，1972，日本東京大學出版會。

◆王育德，《台灣—苦悶するその歷史》，1970，日本東京，弘文堂。

◆楊肇嘉，《楊肇嘉回憶錄》，1970，台北，三民書局。

40 台灣文化協會成立

1921年10月17日，以醫治台灣人的「知識的營養不良症」、助長台灣文化發達為宗旨的「台灣文化協會」正式成立，這個團體成為二〇年代台灣民族運動的大本營。

1921年（大正10年）2月，由林獻堂所領導的第一次「台灣議會設置請願運動」在台灣與東京展開。議會運動刺激了正在大稻埕開設大安醫院的醫師蔣渭水。這位在北醫時代曾經表現政治狂熱的醫師，於此時重燃他冷卻多年的「政治熱」，開始糾合同志。蔣渭水一方面與林獻堂、蔡培火等人「遙為響應」，一方面與一些學校裡的知識青年交遊。在星期假日時，蔣渭水的

為台灣文化協會奔走甚力的蔣渭水、陳精文夫婦。

醫院，經常聚集一些青年學子（其中以北醫和北師兩校的學生最多），這些青年學生與蔣渭水闊論時局，交換心得。

重燃政治熱的蔣渭水，與新交的同志為台灣社會探病投藥，終於有「台灣文化協會」的創立。蔣渭水曾回憶說：「自獻堂氏歸台，在台北開了歡迎會以後，新交的同志，李應章、林麗明、吳海水、林瑞西……諸氏，屢次慫恿我出來組織團體，並提出他們所做的青年會規則和我研究，我考慮了以後，以為不做便罷，若要做呢，必須做一個範圍較大的團體才好，由是考察出來的就是文化協會了。」「台灣人現在有病了……我診斷台灣人所患的病，是知識的營養不良症，除非服下知識的營養品，是萬萬不能痊癒的，文化運動是對這病唯一的原因療法，文化協會，就是專門講究並施行原因療法的機關。」

台灣文化協會於1921年10月17日下午1時，在台北大稻埕靜修女子學校舉行創立大會，會員人數1032名，當天出席會員300餘人，以北醫、北師、商工學校、工業學校學生佔多數。據日本警察調查報告，在1032名會員中，學生佔279名，約佔會員總數的10分之3。

台灣文化協會創會時的理事合影。前排中坐者為林獻堂，左三為蔣渭水。

初期台灣文化協會的活動，包括有：一、會報發刊；二、設置讀報社，供民眾閱覽；三、舉辦各種講習會；四、開辦夏季學校；五、文化講演會（全島巡迴演講）；六、文化話劇運動；七、「美台團」（電影巡迴隊）放映社教電影。

1923年10月17日，文化協會於台南市召開第三次大會，議決利用暑假舉辦夏季學校，遂自翌年（1924年）起，連續3年在霧峰舉辦，林獻堂提供霧峰林家「萊園」充作校舍兼宿舍，男女兼收。先後所開課程，包括有宗教、哲學、論理哲學、台灣通史、憲法、經濟、西洋文明史、科學概論、經濟思想史、中國古文明史、外國事情、衛生、孝道、中國學術概論、社會學、新聞學、人生我觀、星宿講話、資本主義的功過、法的精神、結婚問題、何謂自治……等課程。當時聘請的講師，包括許多頗具聲望及學養的名

士，例如林茂生講授哲學、論理哲學，西洋文明史的課程；連雅堂講授台灣通史；哥倫比亞大學回來的陳炘擔任經濟學等課程。

葉榮鐘對文協夏季學校的開辦，有這樣的評語：「台灣自始至終悠悠半世紀，除卻兩三個教會學校外，完全沒有一所台人辦理的私立學校。可見在當時文協舉辦夏季學校，是含有對台灣總督府的教育政策用行動來表示抗議的意味。」

文化協會的另外一項重要活動是巡迴全島的所謂「文化演講」。文化演講頗受民眾的歡迎，根據統計，1925、26兩年中，在全島各地所舉辦的演講會的聽眾人數，計有23萬多人。這個數目，在當時約300萬的台灣人口當中，比例應不算少數。根據台灣總督府警察當局的報告：「大正14年（1925年）可以說是文化協會舉開講演會的狂熱時代，地方會員，凡有機會即邀請幹

夏季學校的講師與學員在霧峰萊園合影，前排右四為林獻堂，右五連雅堂，右六林茂生。

台灣文化協會活動寫真部（電影巡迴隊）成員合影，前排右起林秋梧、林幼春、林獻堂、蔡培火、盧丙丁。

台灣文化協會的文化演講普受各地民眾歡迎。1925年7月，苑裡地方人士歡迎文協文化演講團在媽祖廟前演講，合影留念。

部去開演講會。發動民眾藉口歡迎，沿途燃放爆竹，高呼口號，作一種示威運動，舉行旁若無人的盛大歡迎會，以張聲勢。幹部也儼然以志士自居，睥睨一切，徒以挑撥民族的反抗心為能事，釀成普遍的反母國（日本）的風氣。尤其是每次介入地方問題或農民爭議，助長糾紛，以收攬民

心，如遇取締，則展開執拗的演講戰與示威運動，以示反抗。這運動實開本島農民運動與勞工運動的先河。」

台灣文化協會為農工同胞作啟蒙運動，自始即以巡迴演講為主要方式。無奈農工民眾多年來濡染於愚民政策之下，理解力有限，對知識的吸取不盡理想。文協幹部早已有鑑及此，於是考慮藉從電影來表現。當時文協的專務理事蔡培火，尤其重視電影對大眾的教育功能。遂於1925年秋，從東京購買社會教育影片十數卷，及電影放映機一部，設立「活動寫真班」（即電影班），名叫「美台團」之機構，訓練具有教育經驗的青年志士三人，一人專管機器，二人分任解說員（亦稱辯士）說明影片，俾觀眾易於理解，林秋梧、盧丙丁即是當時美台團裡面著名的辯士。「美台團」的電影隊最初只有一隊，巡迴放映於當時的台北州及台中州各地，頗得各地民眾歡迎，遂於1926年9月起，又組織第二隊電影隊，巡迴於南部的農村小鄉鎮之間。在當時資訊媒體尚不發達的時代，台灣文化協會巡迴在鄉間的電影隊，受到民間相當熱烈的歡迎。

「美台團」的催生者蔡培火，當時為美台團作一團歌，歌詞如下（閩南語）：

美台團，愛台灣，愛伊風好日也好，愛伊百姓品格高。長青島，美麗村，海闊山又昂（音權），大家請認真，生活著美滿。

1927年5月16日，北港地區的台灣文化協會會員林麗明（前排右三）、蔡少庭等組成北港讀書會和讀報社，蔣渭水（前排右四）蒞臨參加。當晚並舉辦演講，聽眾約4千多人。（莊永明提供）

動；更由於文協走向農村與民間，也替台灣農民運動與勞工運動開啓先河（詳見本書第42節〈二林事件與台灣農民組合〉）。

然而，也因爲農運、工運的崛起，文化協會的參與份子中，左翼青年日增。1927年1月，台灣文協會內部發生左右分裂，連溫卿、王敏川等左翼新勢力掌握了文化協會的主導權，取代林獻堂、蔣渭水、蔡培火等文協舊首腦，林獻堂、蔣渭水等舊幹部乃退出文化協會，另組團體，遂有台灣民眾黨的誕生。分裂後的「新文協」，走向農工運動的道路，主導1920年代後半期台灣的左翼運動。

美台團，愛台灣，愛伊水稻雙冬割，愛伊百姓攏快活。長青島，美麗村，海闊山又昂（音權），大家請認眞，生活就美滿。

美台團，愛台灣，愛伊花木透年開（音虧）愛伊百姓過日美（音水）。長青島，美麗村，海闊山又昂（音權），大家請認眞，生活著美滿。

美台團每次開映之前，團員必合唱此歌一次，後來觀眾都聽熟了，也就自然與團員一齊高聲合唱起來，聲浪雷動，充分流露了一番同胞相愛互勉的氣氛，深印人心。文化協會的啓蒙運動，至此可說是進入新的境界。

台灣文化協會可以說是1920年代台灣諸多民族運動、社會運動的大本營，也是許多社運團體的「母體」。經由文化協會的啓蒙，激勵了1920年代多起青年學生運

【基本參考資料】
◆《台灣總督府警察沿革誌》
◆葉榮鐘等，《台灣民族運動史》，1971，台北，自立晚報出版部。
◆張炎憲，〈台灣文化協會的成立與分裂〉，收錄於張炎憲等編《台灣史論文精選》，1996，台北，玉山社。
◆若林正丈，《台灣抗日運動史研究》，1983，日本東京，山本書店出版部。
◆林柏維，《台灣文化協會滄桑》，1993，台北，台原出版社。
◆李筱峰，《台灣革命僧林秋梧》，1991，台北，自立晚報出版部。

41 《台灣民報》創刊

1923年4月15日，有「台灣人唯一的喉舌」之稱的《台灣民報》正式發刊。

如果說《台灣民報》是一朵花蕊或一顆果實，則「新民會」所創刊的《台灣青年》應該算是它的種子。前已述及，1920年初在東京的台灣留學生成立的「新民會」，在蔡惠如、林獻堂的支持下，創刊《台灣青年》雜誌，後改名《台灣》，但其

《台灣青年》創刊號封面，當時重要幹部由左上角起順時鐘方向分別為：蔡惠如、林獻堂、王敏川、林仲樹、林呈祿、蔡培火、徐慶祥、彭華英。

發行量終究有限。到了1923年（大正12年），民族運動上的有志之士有感於台灣人需要一個屬於台灣人的言論機關，因此，繼而創刊《台灣民報》。

1923年4月15日，《台灣民報》在東京創刊，原先是半月刊，後改為旬刊。1925年7月12日起，再改為週刊（每星期日出刊），報份已達1萬份。到了1927年8月1日起，開始遷入台灣發行，仍以週刊出現。1930年（昭和5年）3月，為了進一步替發行日刊做準備，乃增資改組，並易名為《台灣新民報》。到了1932年4月15日正式獲准發行日刊，廣受台灣人喜愛。

《台灣民報》發刊詞說：「處在今日的台灣社會，欲望平等、要求生存，實非趕緊創設民眾的言論機關，以助社會教育，並喚醒民心不可。」這個台灣民眾的言論機關，扮演著批評時政、傳遞民瘼、介紹新知、提昇文化的角色。自台灣議會設置請願運動以來的台灣各種政治、社會運動，包括文化啟蒙運動、學生運動、農民運動、勞工運動、婦女運動，無不受到《台灣民報》的熱烈支持與鼓吹。《台灣民報》橫跨20年代到30年代，可說是台灣各種社會運動的機關報，所以《台灣民報》

《台灣民報》創刊時，幹部們於東京留影。右起蔡惠如、黃朝琴、黃呈聰、林呈祿、陳逢源、蔡式穀、蔡培火、蔣渭水。

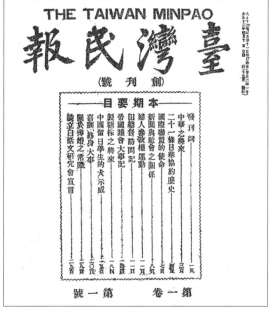

《台灣民報》創刊號。

被譽為「台灣人唯一言論機關」「台灣人唯一的喉舌」。雖然用「唯一」來形容，或許稍嫌專斷，因為尚有許多小型刊物仍發出台灣人的心聲，然其影響力，畢竟難與《台灣民報》相匹敵。

所以，要了解20、30年代台灣人的民族運動、社會運動……等，《台灣民報》是絕對不能忽略的重要史料。

《台灣民報》「除做台灣人的喉舌，呼籲訴苦，對總督府的惡政加以指責批難，對民間日人的歧視曲解予以糾正外，對台灣人的思想，文化的啓蒙也有甚大的幫助。」（葉榮鐘語）《台灣民報》對新文藝的鼓吹，是台灣新文學創作的重要園地，為台灣新文學運動史留下了第一手的史料；另外《台灣民報》對新知識、新思想的介紹，反應了那個世代台灣知識份子的世界觀，透過《台灣民報》，20年代的台灣人早就對羅素、胡適、魯迅……等人不陌生。

《台灣民報》也經常報導當時中國的政情，中國的軍閥如何混戰，蔣介石與汪精衛如何鬥法……等。所以，《台灣民報》也提供了中國近代史的珍貴史料。

這樣做為台灣人喉舌的《台灣民報》，必然引起日政當局的注目，壓力也隨時而來，日本人透過新聞檢查制度，來箝制《台灣民報》。今天我們翻閱這份台灣報業史上的重要報紙，可以發現許多因為遭禁止刊登而翻成「鉛屁股」的無字文章，裡面雖黑烏一片，認不出半個字，卻流露出對專制統治者的血淚控訴。誠如1930年7月《台灣新民報》創刊十週年時，台灣第一位哲學博士林茂生在新民報上發表的祝賀專文所說的：（原作為日文）

「……從誕生以來既遭遇外界種種強烈的壓迫，並承受內部的分化，歷經十年，終而確立地位的新民報，實在是從惡戰苦鬥中過來的。在台灣新民報十週年的此時，自身所傳達出的，就是它確立了台灣人言論權的歷史。從它與社會的互動中，留下了台灣各種解放運動的血與淚的可貴紀錄。基於上述這些意義，吾人對過去民報及諸同志的努力奮鬥，應表最大的敬意。」

隨著日本軍閥的抬頭，中、日關係緊張，《台灣新民報》備受軍部壓力。1937年6月1日，《台灣新民報》被迫廢止漢文版。中日戰爭爆發後，所受壓力更大，到了1941年2月，在時局壓力下，風聞日本政府將合併《台灣新民報》，常務董事兼總經理羅萬俥、主筆兼編輯局長林呈祿決定讓步，乃將《台灣新民報》改名《興南新聞》，以避免遭合併之風險，但言論風格已大不如前。同年底，太平洋戰爭爆發，日本戰況日漸吃緊。1944年4月，日本政府由東京派遣新聞要員來台，將台灣全境較有規模的6家報紙合併。這六家報紙是《興南新聞》、《台灣日日新報》（台北）、《台灣新聞》（台中）、《台灣日報》（台南）、《東台灣新聞》（花蓮）、《高雄新報》（高雄）。合併之後，名叫《台灣新報》。

大戰結束後，《台灣新報》由中國國民政府接收，改名叫做《台灣新生報》。雖曰「新生」，然而當年《台灣民報》時代為台灣人喉舌的風發意氣，已不復存在。

【基本參考資料】
◆林茂生，〈祝台灣新民報發刊十週年〉《台灣新民報》322號，1930.7.12。
◆葉榮鐘等，《台灣民族運動史》，1971，台北，自立晚報出版部。
◆楊肇嘉，《楊肇嘉回憶錄》，1970，台北，三民書局。
◆洪桂己，《台灣報業史的研究》，1957，政大新聞研究所碩士論文。

42 二林事件與台灣農民組合

1925年10月，二林等地蔗農因為向製糖會社提出蔗農權益要求，與日警衝突，釀成集體遭受逮捕、判刑的二林事件；1926年6月28日，台灣最大規模的農民運動團體「台灣農民組合」成立。

　　台灣文化協會分裂的前後，台灣社會的左翼勢力崛起，各種農工運動勃興。

　　在農民運動方面，除了1912年發生於林圯埔一帶因反對日人對竹林的侵佔爆發長達十幾年的竹林爭議事件之外，值得一提的是「二林蔗農事件」以及因之而產生的「台灣農民組合」。

　　台灣俗話說：「第一戇，種甘蔗乎（給）會社磅」，這是反應日據時代台灣蔗農在台灣買辦階級與日本資本家聯合掌控的製糖會社的壓榨下的無奈心境。

　　台灣蔗糖原本就擁有日本本土的市場，在一次大戰爆發後，又給台灣蔗糖外銷的機會。日本當局積極發展台灣的糖業，推行糖業保護政策，採取「原料採收區域制度」，不僅製糖會社（製糖公司）可以片面決定甘蔗收購價格，農民自己種的甘蔗不能自由處理，必須要賣給指定的製糖會社。

　　事情的發生是這樣的：台中州北斗郡下二林等四庄的蔗農，長期受到林本源製糖會社的壓榨，久懷不滿。後受台灣文化協會對農民的啟蒙教育的影響和鼓舞，決心組織起來，同製糖會社展開鬥爭。1925年（大正14年）1月1日，召開蔗農大會，

決定成立蔗農組合；6月蔗農組合總會正式成立，李應章、劉崧甫、詹奕候等當選為理事，會員四百餘人。9月27日，蔗農組合召開大會，推選代表，決定向林本源製糖會社提出交涉，要求：一、決定收割甘蔗的日期；二、肥料由蔗農自由購買；三、公佈肥料分析表和甘蔗收購價格；四、蔗農與會社協定甘蔗收購價格；五、甘蔗過磅應會同蔗農代表。

　　製糖會社不僅拒絕了蔗農的要求，而且請來日警干涉，10月21日由派出所帶人下鄉割甘蔗，蔗農以收購價格未公佈為理由，加以阻止。第二天，遠藤巡官率領警官、特務、會社員、苦力等大批人員，強行收割甘蔗，與蔗農發生衝突。雖然只有9名警察受到輕傷，但日本人便利用這個事件大作文章，10月23日，北斗郡出動百餘

二林事件中的農民運動領袖李應章醫師。

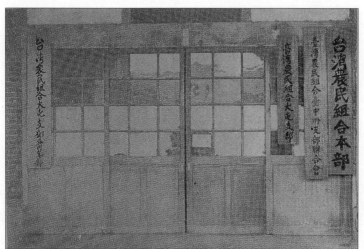

設於台中的台灣農民組合本部。

二林事件第二審判決後被告合影。

「二林蔗農組合」成立後，鳳山、麻豆等地也於同年（1925年）成立地方性的農民組合。1926年6月28日，在農民運動的活躍首腦簡吉、趙港、黃石順等人的奔波主導下，組成了全島性的「台灣農民組合」，總部設在鳳山，大甲、曾文、嘉義、虎尾等地組合並改為農民組合的支部。同年12月，在台中召開第一次全島大會，選舉簡吉、趙港、楊貴（楊逵）等人為中央委員。

「台灣農民組合」走馬克思主義路線，支持日本勞動農民黨，促進工農聯合，全島會員多達24000多人，支部有23個，是日據時代最大的農運組織。「農組」經常配合分裂後的台灣文化協會（新文協），進行抗爭活動，並在各地農村舉辦巡迴演講。

台灣農民組合領導的抗爭共420起，最初採陳情、請願的方式進行，後來日漸激進，採大型示威活動。日本政局逐漸不能忍受，於1929年2月12日，對全島各地的農民組合本部、支部、辦事處、幹部住宅，進行全面整肅搜捕，逮捕59人。最後有12人遭起訴，判刑。最高刑期是中常委簡吉（時年27歲）被處1年有期徒刑。

簡吉當時在審訊中回答審判長所提為何加入「農組」的問題時說：「眼看農民的子女在放學後還要下田做工，不忍見孩子受苦，而決心辭去教職。我愈看到貧農生活的困苦，無限感傷，就愈決心參加農民組合。」日據時代參與農運、工運的領導份子們，不乏像簡吉這樣懷抱天下蒼生的知

名警察，夜間衝到二林、沙山兩庄，檢舉抓捕蔗農及組合的幹部約400多人（衝突的現場連旁觀者也不過200多人而已，卻逮捕400多人），並肆意加以凌辱、毒打。至次年（1926年）4月，被捕人員中有39人被起訴。三審後，25人被判有罪，蔗農運動領袖李應章醫師被判刑8個月。這是日據時代台灣農民因陳情而首度遭受集體迫害。二林事件是台灣農民運動中的重要里程碑，影響日後的農運。

台灣農民組合的靈魂人物簡吉，在日本統治下僅被判處徒刑，到了國民黨統治後遭槍斃。

【基本參考資料】

◆《台灣社會運動史》（原《台灣總督府警察沿革誌》第二篇「領台以後的治安狀況」中卷之中譯），1989，台北，創造出版社。

◆楊碧川，《台灣人反抗史》，1988，台北板橋，稻鄉出版社。

◆葉榮鐘等，《台灣民族運動史》，1971，台北，自立晚報社。

◆許世楷，《日本統治下の台灣》，1972，日本東京大學出版會。

◆淺田喬二，《日本帝國主義下の民族革命運動—台灣・朝鮮・滿州における抗日農民運動の展開過程》，1978，日本東京，未來社。

識分子。簡吉後來又於1931年被日本判刑10年。令人感慨的是，像簡吉這樣憐貧愛眾的農運領袖，在日本帝國主義的殖民統治下為農民進行抗爭，雖被日本人處徒刑，但仍不致死，沒想到中國國民政府來後，簡吉卻在白色恐怖的高壓政治下，於1951年（民國40年）遭國民黨政權槍決。

農民組合雖於30年代初期試圖重振，但在日本對左翼運動的一連串高壓下，終無活動與生存的空間。

43 台灣民眾黨成立

1927年初，台灣文化協會左右分裂，左派青年掌控文協，文協舊幹部蔣渭水、蔡培火等人退出文協，另外組織政治團體，於1927年7月10日成立台灣民眾黨，是台灣人歷史上第一個具有現代性質的政黨。

1921年到1926年的6年之間，台灣文化協會的文化啓蒙運動確實轟動全台灣，使台灣民眾有機會吸收新文化、新思想，也加深了台灣人的民族意識。不過，文化協會也因爲新思想的蓬勃，有一批青年愈走愈激進（左傾），使得地主階級的老幹部如林獻堂、蔡培火等人，開始難以適應，終於導致文化協會的分裂。

回到1920年代，社會主義、馬列思想像一朵朵盛開的玫瑰，在俄國革命成功之後的世界花園綻放，相當奪目動人。當時的青年，好像不「言必稱社會主義」，就算不得是一位進步的青年。台灣文化協會就在這種左傾風潮中，面臨分裂的局面。

分裂後的新文協本部設於台中。

1926年以後，文協內部大致分成3派：一派是保守的右派，以蔡培火、林獻堂爲首，堅持文協是啓蒙運動、文化運動，以知識教化爲路線；一派是激進的左派，以連溫卿、王敏川爲代表，這批「無產青年」高唱農工階級運動；另外則是中間派的蔣渭水，標榜全民運動，綜合各階層勵行全民族的解放運動。

1927年（昭和2年）1月，台灣文化協會的臨時理事會及臨時大會中，以連溫卿、王敏川爲首的左派勢力，掌握了文協的主導權，前述的保守派與中間派退出文協，文協正式分裂。

文協分裂之前，那些有感於左派勢力日盛的舊幹部（林獻堂、蔡培火、蔣渭水等）即有另組政治結社的打算。1927年2月，蔣渭水提議組「台灣自治會」，但日本政府先發制人，通知林獻堂「凡是標榜民族主義的任何政治結社，皆不准設立」，台灣自治會遂被禁止成立。然而，他們不死心，3個月後，他們稍作修正，推出「台政革新會」的綱領，於5月10日籌組完成，由蔡培火準備向日本當局提出申請登記。會員中有人建議，改名叫「台灣民黨」，獲得會員通過，於是5月29日「台灣民黨」終於

台灣民眾黨第一次黨務磋商會，前排坐者右二為蔣渭水。

在台中市召開成立大會。但是5天後，立刻遭日本當局禁止。禁止的理由是，綱領中「期台灣人全體之政治的、經濟的、社會的解放」之中的「台灣人全體」及「解放」等用語有「偏狹的民族主義色彩，形同民族自決主義」，有悖於帝國治台方針，妨礙「內台融和」。

民黨被禁不得成立，但他們仍再接再厲，努力籌組新的政黨，更名為「台灣民眾黨」，日本當局開出兩個條件：一、民族主義的字眼要刪去；二、「極端民族主義的蔣渭水」不可參加，如要參加，不可在黨中央擔任支配大局的角色。為了這些條件，內部發生爭執，有人認為寧可組黨不成，也不可輕易向日本人妥協，是為「玉碎派」；另外蔡培火等人主張為了完成組黨，不妨對日本人讓步，是為「瓦全派」，因為要不要讓步妥協，造成蔣渭水與蔡培火之間有所芥蒂，有人稱之為「南火北水，水火不容」。後來經過折衝，採平衡折衷之計，接受第一條件，修改了比較強烈的有關民族主義的字眼，以謝春木名義提

出政治結社申請，日本當局沒有再堅持，於是「台灣民眾黨」終於在有條件之下於1927年7月10日正式成立。他們提出「確立民主政治、建設合理的經濟組織、改除不合理的社會制度」三大綱領。這是台灣歷史上首度出現的具有現代性質的政黨。

在黨魁蔣渭水的主導下，台灣民眾黨初期的運動路線是調和民族運動和階級運動。民眾黨成立半年後，在全島成立15個支部，黨員遍佈全島。直到1931年2月18日被解散為止的3年7個月之間，其活動較重要者，例如反對放領官有地組織台灣拓殖會社；反對許可鴉片吸食政策；反對田中內閣侵華政策；反對日人官吏加奉制度；以及對霧社事件（詳見本書第48節〈霧社事件〉）的強烈聲明與反應。特別是有關鴉片政策及霧社事件的問題，民眾黨不僅向日政當局提出反對，還通電國際聯盟，引起國際注意。國際聯盟為了鴉片政策還特地派員來台灣調查，林獻堂、蔣渭水於當時的鐵路餐廳接待他們，總督府想派員參加卻被擋在門外不能進入，使日本當局相當難堪。

台灣民眾黨黨員大會開會情形。

台灣民眾黨不僅從事政治抗爭活動，並配合其外圍組織「台灣工友總聯盟」進行勞工運動（詳見本書第44節〈台灣工友總聯盟成立〉）。此外，文協時代的文化啓蒙運動仍繼續進行，對於糾正社會上落伍敗壞的風俗，提昇民眾的生活品質，也相當注意，所以他們在黨綱大要「三、改除社會制度之缺陷」中提出「革除社會陋習」。1929年10月17日第三次全國代表大會的口號中，就有「打倒阿片〔鴉片〕、打倒迷信、打倒惡習」。蔣渭水在《台灣民報》中呼籲破除「燒金紙、吸阿片、祈安建醮、補運謝神，以及聘金婚喪之奢靡」的惡習，甚至禁止黨員打麻將（台灣稱「麻雀」）。當「麻雀飛到台灣」來時，民眾黨台北支部於大安醫院開會，決定禁止黨員打麻雀（麻將），並以一副三圓收買焚毀，以「現身說法示範於同胞」。甚至連內容充滿中國封建思想的歌仔戲，也受到台灣民眾黨的反對，民眾黨第四次大會提出的社會政策中，赫然出現「反對准許歌仔戲之演唱」的條文。相較於今天的反對黨人士，為了選票，只知一味討好民眾，動不動就跟著迷信團體進香、繞境，或打著發揚本土文化的美名，進行一些中國封建傳統的禮俗，毫無移風易俗、前瞻反省的能力，相形之下，實在不能同日而語。

隨著左翼運動的勃興（新文協、台灣農民組合、台灣共產黨等左翼團體大力推動農工運動），台灣民眾黨的運動路線也因受刺激而日漸階級運動化，致使內部右翼人士如林獻堂、蔡培火、楊肇嘉等退出民眾黨，另組「台灣地方自治聯盟」（詳見本書第47節〈台灣地方自治聯盟成立〉）。而日本當局對於右翼人士退出之後的台灣民眾黨的左傾跡象，也漸感不安，終於決定出手干預。

1931年2月18日，台灣民眾黨第四次全體黨員大會進行中，台北警察署長突然出現會場，出示「結社禁止命令」，當場聲明台灣民眾黨業已被取締，命令立刻解散，並同時逮捕蔣渭水等幹部16人（翌日釋放）。總督府提出禁止台灣民眾黨的理由指出，「細察民眾黨向來之行動及這次所修改之綱領政策，其目的在於反對總督政治，宣傳階級鬥爭。如此妨害日台融和，違背本島統治大方針之結社，斷難容許。」在總督府「妨害安寧秩序」的大帽子下，台灣民眾黨終於結束了3年又7個月的活動。而蔣渭水也在6個月後的8月5日，因傷寒病逝台北。

【基本參考資料】

◆簡炯仁，《台灣民眾黨》，1991，台北板橋，稻鄉出版社。
◆葉榮鐘等，《台灣民族運動史》，1971，台北，自立晚報社。
◆許世楷，《日本統治下の台灣》，1972，日本東京大學出版會。
◆楊碧川，《日據時代台灣人反抗史》，1988，台北板橋，稻鄉出版社。
◆黃煌雄，《革命家—蔣渭水》，1981，著者印行。
◆《台灣社會運動史》第5冊（原《台灣總督府警察沿革誌》第二篇「領台以後的治安狀況」中卷），1989，台北，創造出版社。

44 台灣工友總聯盟成立

1928年2月19日，台灣勞工運動的主流團體、台灣民眾黨的外圍組織「台灣工友總聯盟」正式成立。台灣的工運，逐漸進入高潮。

1928年（昭和3年），是台灣勞工運動蓬勃發展的一年，不僅文化協會分裂後由左派掌控的「新文協」積極推動農工運動，而且受左翼運動的激盪，台灣民眾黨也在工運方面逐漸積極起來，大有急起直追之勢。

台灣民眾黨成立之後，由於援助勞工運動為其社會政策之一，所以組黨不久，在蔣渭水的推動下，即巡迴全島演講、座談，指導勞資爭議，並以城市中小工業雇主及店員為中心，組織工會。迄1927年底，台灣民眾黨已獲得21個勞工團體（人數達3000多人）的支持。1928年2月，在蔣渭水的奔走下，以及部份民眾黨幹部的推動下，串連上述的勞工團體，並結合新團體，組成了「台灣工友總聯盟」。聯盟的宗旨在謀工人、店員的福利及生活的改善，其任務為促進與支援其他工人、店員團體的發展，統一全島勞工運動。成立大會於2月19日在台北大稻埕舉行，會場大門的兩側，掛著蔣渭水所題的兩句標語—「同胞須團結」「團結真有力」。成立當天，各地代表130人，分乘59輛汽車遊行台北市街，試圖喚醒民眾，聲勢浩大。

台灣工友總聯盟成立一年後，加盟的團體達65個之多，盟員總數達1萬多人。

台灣工友總聯盟成立的那年，1928年，由於「新文協」內部意見分歧，原主導者連溫卿態度消極，於是台灣工運的主導地位落於台灣工友總聯盟之手。這一年的工運，在聯盟的推動下，蓬勃發展。其領導下的幾次工運，例如：

1. 桃園木工工友會要求升價事件，罷工7日，調停成功，升價5分。

2. 新竹木工工友會爭議事件，罷工10日，妥協成功，升工價5分。

3. 台北木工工友會左官部罷工事件，罷工30日，失敗。

台灣工友總聯盟的成立大會中，近60輛汽車組成車隊遊行台北市街，聲勢浩大。

4.台北木工工友會建築指物部同盟罷工事件，罷工10日，獲勝。

5.台北印刷從業員組合要求御大典公休日給業工資，抗爭3日，獲勝。

6.安平勞工會同盟罷工事件，罷工30日，局部勝利。

7.高雄機械工友會關於淺野水泥工廠罷工事件（3月），受警察當局彈壓，37人被捕，年底獲釋。

8.台中木工工友會對曾博安工場爭議，妥協息事。

9.台南機械工友會對中川鐵工場，要求解僱間諜的罷工，獲勝。

10.基隆木工工友會建具部要求升工資，罷工14日，獲勝。

11.台北砂利船友會要求勞動條件改善，罷工40日，獲勝。

12.台北木工工友會細木部要求升工資，罷工50日，妥協息事。

13.台北金銀細工工友會要求加工資，罷工20日，獲勝。

14.台南理髮工友會要求待遇條件改善，罷工20日，失敗。

15.基隆砂炭船友會要求加工資，罷工30日，局部獲勝。

其中以高雄機械工友會對淺野水泥廠的罷工事件最為有名，領導人是台灣民眾黨中央常委黃賜。黃賜於1927年4月主導成立「高雄台灣機械工友會」，後來也加盟「台灣工友總聯盟」。黃賜於1928年3月領導的淺野水泥廠的罷工事件，台灣工友總聯盟還特別成立「台灣工友總聯盟淺野爭議本部」作為罷工抗爭運動的指揮中心。黃賜曾於該次罷工行動中被逮捕，但最後獲

判無罪。黃賜萬萬沒有想到，他在日本殖民統治下領導勞工運動，被判無罪，到了所謂「台灣光復」之後，卻在二二八事件中，死於中國軍隊的槍下（詳見李筱峰著《二二八消失的台灣精英》〈黃賜〉部份）。

台灣工友總聯盟的工運，又刺激新文協的工運的發展，因此，彼此形成既聯合又競爭的情況。然而蓬勃的工農運動，讓日本當局大感忐忑不安，30年代後，日本當局開始大規模鎮壓左翼運動。台灣工友總聯盟既為台灣民眾黨綱領的派生物，因此隨著1931年台灣民眾黨的遭禁，以及蔣渭水的病逝，台灣工友總聯盟終敵不過殖民統治者的高壓，漸趨式微。

【基本參考資料】

◆簡炯仁，《台灣民眾黨》，1991，台北板橋，稻鄉出版社。
◆楊碧川，《日據時代台灣人反抗史》，1988，台北板橋，稻鄉出版社。
◆錦繡出版社編輯部，《台灣全記錄》，1990，台北，錦繡出版社。
◆《台灣社會運動史》第5冊（原《台灣總督府警察沿革誌》第二篇「領台以後的治安狀況」中卷），1989，台北，創造出版社。

45 台灣共產黨創立

1928年4月15日，謝雪紅、林木順、翁澤生等人在上海祕密成立台灣共產黨。此後，更加激化台灣的左翼運動。

1926年（大正15年）年底，原名謝阿女的謝雪紅，從莫斯科大學前往上海，她與一樣在莫斯科結束訓練課程的林木順，攜帶著第三國際（共產國際）要他們發展台灣共產主義運動，並應服從日本共產黨指導的指令，一面與日共渡邊政之輔等人聯絡，一面也與具有中共黨員身分的台灣人翁澤生取得聯繫，透過翁澤生介紹當時「上海讀書會」的數位左翼青年，並聯絡在台灣的林日高等共產主義者，開始醞釀籌組台灣共產黨。

1928年（昭和3年）4月15日，台共建黨大會在上海法租界的一家照相館二樓舉行，出席者有林木順、謝雪紅、林日高、翁澤生、潘欽信、陳來旺、張茂良等7人。中共中央代表彭榮、朝鮮共黨代表呂運亨也到會致意。會議選舉林木順為書記。台共成立時，屬日本共產黨台灣民族支部，

（上）謝雪紅（前排右二）於1925年11月赴莫斯科留學前，
在上海接受友人歡送留影。後右一為林木順。
（左）謝雪紅

謝雪紅（右立者）在台中所開設的國際書局。

接受第三國際的指揮。

台共在〈政治大綱〉中提出13項基本口號：1.打倒總督專制政治—打倒日本帝國主義；2.台灣人民獨立萬歲；3.建立台灣共和國；4.廢除壓制工農的惡法；5.勞動7小時—不勞動者不得食；6.爭取罷工、集會、結社、言論、出版等自由；7.土地歸與貧農；8.打倒封建殘餘勢力；9.制定失業保險法；10.反對鎮壓日、鮮無產階級的惡法；11.擁護蘇維埃聯邦；12.擁護中國革命；13.反對新帝國主義戰爭。

台共在上海成立10天後，即發生上海台灣讀書會事件，許多讀書會成員被在上海的日警逮捕，謝雪紅也在法國租界被日警逮捕（送回台灣後，因罪證不足，獲判

無罪）。台共建黨未幾，即因讀書會事件而實力受損。不過同年（1928年）9月，他們依建黨時的決定，在東京成立台共的東京特別支部。這一方面，也說明著林木順等想強化日共對台共的指導。

1928年年底，台共中央委員會決定返回台灣祕密展開活動，於是在台灣建立黨中央。返台後的台共實際領導權掌握在謝雪紅手中。謝雪紅認為，共黨既為日本當局心中的非法組織，就應該借助合法組織（如新文協、農民組合）以增強黨力，使黨穩健步伐。所以，台共人士積極參與台灣農民組合及分裂後的台灣文化協會（新文協）的活動，成為其主控者，甚至因此造成農民組合及新文協內部的紛爭與再度分裂。然而謝雪紅的路線，引起翁澤生系統和部份年輕黨員的不滿，被指為機會主義，內鬨因而發生。

其實，內鬨的發生，與其說是路線之爭，毋寧說是台共背後指導者系統之爭。按台共建黨之初的三巨頭謝雪紅、林木順、翁澤生分別代表著兩條不同的系統：

（左）台共「上大派」的首腦翁澤生，1920年代在廈門集美中學時代留影。
（上）屬中共系統的王萬得。

謝雪紅和林木順代表日共系統,翁澤生則代表中共系統的勢力,這兩條系統埋下不久之後黨內鬥爭的陰影。台共建黨之初,原是屬於日共台灣民族支部,透過日共系統指揮,上達第三國際。然而隨著日共及台共東京特別支部遭到日本政府的壓制破壞後,台共和日共的關係中斷,台共只能透過中共的系統尋求資助,以藉此上達第三國際,所以,中共系統的勢力取代謝雪紅的地位,也就勢所必然。從中共陣營返台的王萬得,逐漸獲得謝雪紅的信任後,最後終於取代謝的領導地位。

　　1931年初,中共系統的王萬得、翁澤生等人鬥倒謝雪紅之後,台共新中央採取的路線是「階級革命」優先於「殖民地革命」。而此時的台共,也不再是日共的台灣民族支部,而成為第三國際的直屬支部。

　　然而,王萬得帶進來中共的「李立三路線」的冒進行動曝光,終於讓日本當局無法再容忍這些左翼勢力的活動,而於1931年6月進行一場大搜捕,台灣境內的共產黨員及領導人,以及主導新文協的許多人員,紛紛被捕。王萬得、謝雪紅等都被判刑13年,台共勢力也暫告瓦解。

　　今天回顧當年台共人士的言行,如就其醉心於馬列思想、寄情於共產主義這一面來看,這是當時的時代思潮風尚,無啥稀奇。惟其中值得我們特別了解的是,他們在政治大綱中,明白揭櫫「台灣民族」的觀念,並且標舉「台灣人民獨立萬歲」「建立台灣共和國」的口號。他們一開頭即說明「台灣民族的發展」,其中謂「所謂台灣民族就是由這些中國南方移民渡台後結合形成的」。綜合三百多年的歷史發展,台

與謝雪紅成為革命夫妻的楊克煌。

共的政治綱領替「台灣民族」作出這樣的結論:「台灣民族就是經過這種歷史階段,以及特殊的經濟發展過程而成形的。」所以台共可以說是日據時代明確主張台灣獨立的團體,這在當時眾多抗日運動的團體中,是相當特殊的一個。

　　然而歷史也真弔詭,在日據時代即提出「台灣民族論」、主張建立「台灣共和國」的台灣共產黨,到了戰後的二二八事件之後卻有了大轉向。他們之中有多人投入大中國的陣營,不再主張台灣獨立。例如台共首腦謝雪紅於戰後的二二八事件之後先流亡香港,後進入中國,曾出任中華人民共和國政委、人代會委員;另一台共首腦王萬得,於1949年投奔中國,為「民盟」華東總支部委員,人代會上海市代表,

1983年任政協委員；楊克煌也於二二八事件後與謝雪紅潛往中國，1949年9月至1954年11月出任中共政協首屆一次會議代表；其他重要台共分子如蘇新、蕭來福、楊克培，潘欽信、詹以昌等人也在事件後投奔中國大陸。

為何在日據時代即提出「台灣民族論」、喊出「台灣共和國萬歲」的台灣共產黨，到了戰後卻改變國家認同的方向，不再主張台灣獨立，而紛紛倒向大中國呢？這個問題，或許可以從以下幾方面來理解：一、二二八事件後，他們都成為國民黨政權下的通緝分子，許多人逃離台灣，先進入香港，再輾轉進入正在進行與他們理念相同的共產革命的中國大陸。這種時空背景的契合，水到而渠成，當可理解；二、日據時代他們雖然提出「台灣民族論」，但是其台灣民族意識是相對於日本人的意義較大，與中國民族的比較，就沒有太大的距離，尤其是1931年翁澤生、王萬得等人鬥倒謝雪紅之後的台共新中央，採取的路線是「階級革命」優先於「殖民地革命」，因此，「台灣民族論」及台灣獨立的主張，似乎就不是當務之急了。易言之，其運動的性格，階級性強於民族性；三、1949年中共政權確立以後，相對於中共政權的台灣國民黨政權係以反共的法西斯立國，兩相比較，北京共產政權自然較符合其理念。設若台灣當局實行的是共產主義，北京是反共的法西斯政權，則恐怕他們的國家認同將又有另一番變貌。

歷史更弔詭的是，不僅當年主張台灣獨立的台共後來變成「統」派，當年在日本統治下一些懷有「祖國情結」的民族運動人士，在所謂「台灣光復」之後，卻有許多人走上台灣獨立的路子。這還不稀奇，更諷刺的是，當年派代表參加台共建黨會議的中共，支持「台灣人民獨立萬歲」「建立台灣共和國」，現在卻百般阻擾我們台灣的獨立建國，歷史真會捉弄人！

【基本參考資料】
◆《台灣社會運動史》（原《台灣總督府警察沿革誌》第二篇「領台以後的治安狀況」中卷），1989，台北，創造出版社。
◆盧修一，《日據時代台灣共產黨史》，1989，台北，自由時代出版社。
◆楊碧川，《日據時代台灣人反抗史》，1988，台北板橋，稻鄉出版社。
◆謝德錫，〈革命女豪傑—謝雪紅〉，收於張炎憲等編《台灣近代名人誌》第5冊，1990，台北，自立報系出版部。
◆李筱峰，〈台共改革派主幹—王萬得〉，收於張炎憲等編《台灣近代名人誌》第2冊，1987，台北，自立報系出版部。
◆黃師樵，《台灣共產黨密史》，1933，桃園。
◆簡炯仁，《台灣共產主義運動史》，1997，台北，前衛出版社。
◆陳芳明，《謝雪紅評傳》，1991，台北，前衛出版社。
◆謝雪紅口述，楊克煌筆錄，楊翠華編，《我的半生記》，1997，楊翠華出版。

46 台北帝國大學創立

1928年，台灣史上第一所大學—台北帝國大學創校。

今天的台灣大學，在日據時代叫做台北帝國大學，簡稱台北帝大，也曾簡稱台大。

本書前面講過，1919年（大正8年）台灣總督府頒布「台灣教育令」，准許設立普通中學，及「日台共學」。1922年再公佈「新台灣教育令」，使殖民地與日本本土學制一體化，並明示將在台灣設置大學。這個設置大學的計畫，經過6年後的1928年（昭和3年）才付諸實施，也就是在這一年4月創立的台北帝國大學。台北帝大於1925年即開始籌備，並於翌年派員赴外考察，以培養師資，於1928年成立這所台灣史上的第一所大學。

研究台灣教育史的學者認為，日本人為了讓其旅台子弟升入大學，同時也為了防止台灣子弟赴外地留學接受太多外地刺激產生反抗思想，所以才在台灣籌設大學。

除了上述原因之外，為了配合日本的「南進」政策，做為對外侵略的後盾，也是其設校的宗旨之一。所以，台北帝大成立之時，當時的第一任總長（校長）幣原坦，曾邀請從美國哥倫比亞大學回來的台灣第一位哲學博士林茂生，擔任台北帝大文政學部的教授，幣原在與林茂生面談時表示，他希望藉地理上的條件，發展以台灣為中心的華南、南洋研究，故台北帝大的學科編制分成專門研究台灣、南洋及華南人文的文政學部，以及研究熱帶醫學為

台北帝國大學當年的校景

表、台北帝大學生人數分配情形（單位：人）

學部別\籍貫	文政部	理農部	工學部	醫學部	總計
日本人	1167	1259	47	523	2996
台灣人	146	125	2	513	786
其他	2	6	0	3	11
合計	1315	1390	49	1039	3793

主的理農學部。林茂生在聽完幣原的辦學主旨之後，沒有接受幣原的邀請。他回到家之後，告訴其夫人說：「台北帝大是要為日本的南進侵略政策服務的，我不希望為這種政策效力。」可見台北帝大的設校，確有替日本的南進政策做後盾的用意。

左翼運動的機關刊物《新台灣大眾時報》對於台北帝大的設立，持否定的批判態度：「設立這種大學教育的真目的，並不是要養成台灣的真人才，亦不是要努力普及民眾教育，其全副精神是注重養成在殖民地的日人資產階級的子弟，若不能合格試驗於宗主國內便可逃到殖民地台灣大學就學，這不但是很便宜，而且有裨益於殖民地統治的，因為一旦卒業後，便可增加了幾個忠僕，來做國家的棟樑，扶植增大在台灣日人的勢力。試看這種大學的創設巨額，和一年間必須支出的經費百八十二萬二千九百八十二圓（一九三○年度）。何不應用於創立設備初等教育？乃偏汲汲於設立一個大學，真是養成資產階級子弟的奢侈費...」

《新台灣大眾時報》的批評，並非無的放矢。在附表中，我們統計台北帝大自1928年創校起，到終戰前一年（1944年）為止的學生數，看看日本學生和台灣學生

的人數分配情形。從表中顯示，台北帝大的學生還是以日本人為多數。台灣人學生僅佔總學生數的20.7％而已。而在台灣學生當中，則以習醫為主，這也與延續日本入台以來重視醫療人才培養所形成的傳統有關。

雖然台北帝大的創校，只是日本人實現其政治與經濟利益的手段，並不是真心想教育台灣子弟，不過，畢竟它是台灣的第一所大學，在台灣高等教育發展史上，還是奠下基礎。日本人統治結束後，這個基礎畢竟是留在台灣，尤其日本發展高等教育偏重在應用科學，所以台大的出現，對於提昇台灣應用科學的程度，仍有正面的影響。經濟學者林鐘雄也有這樣的評述：「1928年創辦台北帝國大學，雖然在創辦之初，入學學生數未必很多，但這些人才在戰後台灣經濟發展卻是一支不可忽視的隊伍。」

【基本參考資料】
◆徐南號主編，《台灣教育史》，1993，台北，師大書苑。
◆汪知亭，《台灣教育史》，1959，台北，台灣書店。
◆東紅，〈台灣教育問題〉，載賴通堯主編，《新台灣大眾時報》2卷3號，1931.6，東京。
◆李筱峰，《林茂生‧陳炘和他們的時代》，1996，台北，玉山社。
◆林鐘雄，《台灣經濟經驗一百年》，1995，台北，三通圖書公司。

47 台灣地方自治聯盟成立

1930年8月17日，日據時代台灣的右翼社運團體「台灣地方自治聯盟」成立。

本書前已述及，台灣民眾黨在新文協、農民組合以及台灣共產黨等其他左翼團體的激盪下，愈走愈左傾。民眾黨內部的右派地主階級如林獻堂、蔡式穀、蔡培火等人，對於民眾黨的運動路線而開始難以適應，乃思另起爐灶。

1930年（昭和5年）1月中，林獻堂、蔡式穀、蔡培火、林柏壽、羅萬俥等人聚會，蔡式穀倡議組織團體從事政治改革運動，尤其致力地方自治制度的實施，也藉以維繫長期以來台灣議會設置請願運動的

台灣地方自治聯盟理事會成員合影。

民眾的熱度。原先他們考慮為了避免與民眾黨發生摩擦，決定只限單一目標，即促進地方自治的實行。為了推動這項自治運動，林獻堂特函請去東京的蔡培火聯絡當時也在東京的楊肇嘉回台主持。蔣渭水主導的台灣民眾黨黨中央，得知這個組織在醞釀中，乃召開中央執委會，議決黨員不得參加其他的政治結社，用意在牽制自治聯盟的創立。右派人士不顧黨中央的議決，仍繼續進行新的政治團體「台灣地方自治聯盟」的籌備工作。此時，民眾黨內蔣渭水與蔡培火顯然形成兩派系，形同「水火」，雙方決裂，勢難避免。終於，1930年8月17日，台灣地方自治聯盟在台中醉月樓酒家正式舉行成立大會。出席者227人。林獻堂、土屋達太郎擔任顧問，楊肇嘉、蔡式穀等5人為常務理事。

在成立大會上，自治聯盟發表宣言指出：「顧我四百萬之同胞，為殖民地台灣之成員，負擔一切之經費與各種之義務。然而關於自己之生活有密切關係之公共問題，以及經費之用度等，竟

被視爲無能力者。莫怪乎我同胞經濟上、社會上及生活上，日陷於萎靡不振也。台灣民眾已覺此種不合理之事實有悖時代精神，有違一視同仁之意旨，實非憲法治下之日本帝國所能容許者也。」「要求當局即時實行完全之地方自治制，此乃本聯盟成立之重大使命也。」

自治聯盟成立後，在全島24個地方巡迴演講，共出動辯士（演說者）119人，聽眾達18850人，但常遭民眾黨及其他左翼陣營的抵制與批判。

民眾黨指責自治聯盟爲「第二公益會」（按「公益會」係親日人士辜顯榮所組織的團體）。民眾黨中央對於參加自治聯盟的跨黨黨員，曾試圖斡旋轉圜促其回頭，但無結果，最後乃決議除林獻堂外，將蔡培火、陳逢源、洪元煌等16名跨黨份子予以除名。而林獻堂也以黨採取如此強硬態度，憤而通告退出民眾黨。

而左翼團體中，對於地方自治聯盟的成立更是口誅筆伐。例如，林秋梧主編的左翼刊物《赤道報》，以諧音「自利連綿」來諷刺「自治聯盟」。台共主控下的新文協的機關刊物《新台灣大眾時報》，更這樣批判台灣地方自治聯盟：「查地方自治，其內容只限於地方的課稅和產業施設。因此，地方自治運動不過是代表地主資產階級的稅金產業施設等的利益，和吸人膏血的××〔按原文××，意在避諱敏感字眼〕階級做買賣。那麼，自治聯盟到處宣傳地方自治的改革是四百萬同胞的生死所關，純是自欺欺人。這樣不知羞恥的江湖話，未免把工農小市民做個愚人看待。這些騙賊，理該碎屍萬段！」

這個被左翼團體咒罵「理該碎屍萬段」的「騙賊」，在所有台灣的社運團體中，卻是日本統治當局最能夠容忍的一個。當1931年起，日本當局開始大規模箝壓整肅左翼團體，台灣民眾黨被禁，台共、新文協、農民組合人員遭到大搜捕，甚至到了1934年9月，連右翼的台灣議會設置請願運動也被命令停止活動，唯獨台灣地方自治聯盟仍一枝獨秀。直到1937年7月15日，七七事變爆發的一個禮拜後，自治聯盟才無趣地自動解散。此時，中日戰爭爆發，日本治台政策進入更加緊縮的階段。

儘管台灣地方自治聯盟被左翼陣營罵得狗血淋頭，但持平而論，地方自治聯盟對於促使日本當局在5年後（1935年）開放一半議員的民選，不能說沒有影響。（詳見本書第51節〈台灣首次地方選舉〉）。

爲了了解地方自治聯盟在20、30年代台灣的社會運動中的位置，也順便對前述幾節有關各社運團體的定位做一綜合觀察，我們試以下頁的附圖來顯示。圖中所排列的位置，從右翼的自治運動，到左翼的階級運動，其與日政當局對抗的程度是愈左愈激烈。「自治運動」基本上是「體制內改革」，雖然不必然失去民族意識，但其前提是肯定日本在台的統治，與日政當局的關係較爲緩和，抗爭性較低；「民族運動」雖然不必然完全否定體制，但係站在台灣人的民族立場（其中有著強烈的漢民族意識）向日政當局爭取台人利益，因此與日政當局的對抗性就較自治運動爲強；至於最左邊的階級運動，從事農民運動、勞工運動，提倡社會主義甚至共產主義，跟日本資本家及本土買辦階級鬥爭，

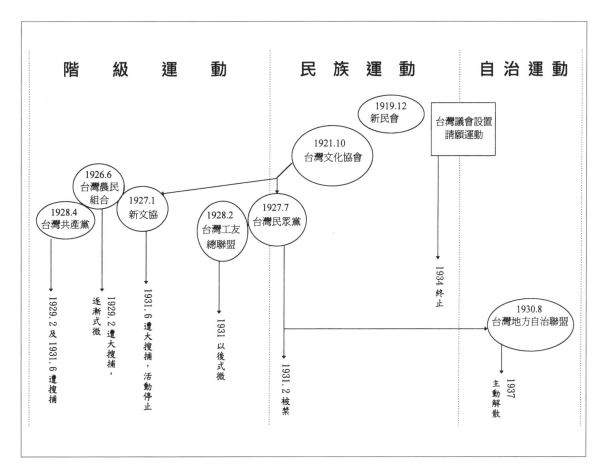

受到反共的日政當局的高壓箝制，是故階級運動的抗爭性最強。當左翼運動人員在受到日政當局一波一波的整肅而入獄坐牢之際，右翼陣營自然成為日政當局拉攏懷柔的對象。所以，後來被拉入皇民奉公會的台灣人，除了平日就極親日的買辦士紳之外，其餘幾乎都是右翼的台灣地方自治聯盟的人員。

【基本參考資料】

◆葉榮鐘等，《台灣民族運動史》，1971，台北，自立晚報社。
◆簡炯仁，《台灣民眾黨》，1991，台北板橋，稻鄉出版社。
◆許世楷，《日本統治下の台灣》，1972，日本東京大學出版會。
◆《台灣社會運動史》（原《台灣總督府警察沿革誌》第二篇「領台以後的治安狀況」中卷），1989，台北，創造出版社。
◆楊肇嘉，《楊肇嘉回憶錄》，1970，台北，三民書局。
◆血花，〈打倒××帝國主義的走狗地主資產階級的自治聯盟〉，載賴通堯主編《新台灣大眾時報》2卷4號，1931.7，東京。
◆〈臭人的遺囑〉，載林秋梧主編《赤道報》第2號，1930.11.15，台南。

48 霧社事件

1930年10月27日，霧社泰雅族的原住民，不滿長期受欺壓，爆發了震驚島內外的霧社事件。

要了解霧社事件的發生，不能不知道背後日本人的所謂「理蕃政策」。日本總督自1902年（明治35年）起，即著手於所謂的「理蕃政策」，對於有「馘首」「出草」風俗的原住民，加以討伐處罰。部份原住民部落的馘首風俗，成為日本人討伐山地的主要藉口。其實如果我們了解當時總督府亟欲掌握樟腦資源的迫切性，便能更深入了解「理蕃」背後的用意。我們知道清據末期，台灣生產的樟腦，曾佔世界總產量的70%-80%。1897年電影發明以後，當時用賽璐珞做的膠卷都需要台灣的樟腦，有人甚至誇口說「支配電影王國好萊塢的，正是台灣的樟腦」，所以總督府採取對樟腦的專賣。要安全地砍伐樟樹，絕對必須制壓山地原住民，確保山地的安全。所

霧社在日據時代是原住民模範社區。

以樟腦生產的確保，與「理蕃政策」有著密切的關係。

從日本第5任總督佐久間左馬太上任後（任期1906到1915）開始，訂立所謂「理蕃政策」的5年計畫，出動軍隊及警察隊，徵召軍伕，逐漸進入隘勇線，以武力征服原住民。佐久間因此有「理蕃總督」之稱。此後的二、三十年間，總督府與原住民之間，彈壓與反抗斷斷續續地反覆循環著。其間的歷任總督，雖採所謂「恩威並濟」的政策，但原住民怨懟仍深。且山地的日本警察兼具山地行政、警備、教育的全權，他們以低微工資，任意驅使原住民，或強制勞動，動輒笞刑致死。另外，山地日警良莠不齊，有許多傲慢之徒，在山間作威作福，欺淫婦女。

霧社事件的起因，牽涉到兩個問題，一是山地勞役剝削問題；一為原住民與日本人通婚問題。

事件發生前，霧社一帶高山族被動員從事多項勞役，勞役過重，警方威逼甚厲，且對於低廉的工資，警方又有帳目不清或心存欺騙之嫌。至於婚姻問題，日本領台之初，鼓勵日本警察娶各社頭目或有地位者之女兒為妻，但有些警察在日本內

霧社各社原住民齊集舉辦運動會。（出自林えいだい
編《台灣殖民地統治史》）

地早有妻室，來台後娶山地女子為妻，這些山地的所謂「內緣妻」，往往會在日警離開之後被遺棄。領導霧社事件的頭目莫那魯道，他的妹妹就是嫁給日本巡查，但數年後被拋棄。貴為頭目之女，竟被拋棄，族人當然不滿。

　　霧社事件的導火線，起因於一場婚宴。1930年10月，馬赫坡社頭目莫那魯道

的家中正在為一對社中的男女舉行婚禮，婚禮盛宴當時，剛好日警吉村經過門前，莫那魯道的兒子塔達歐莫那延請吉村入內敬酒，吉村嫌塔達歐手不乾淨，不願受酒，塔達歐強請飲酒，吉村以手杖敲打他的手，雙方因此衝突撲鬥。翌日，塔達歐攜酒前往警所賠罪，但是吉村不理。社眾相當不滿，新仇舊怨一起湧上，但又怕日人報復，大家遂決定先發制人。願意參加此一行動的，除馬赫坡社外，還有霧社群中的斯克社、塔羅灣社、波亞倫社、羅多夫社、荷歌社等共6社。

　　10月27日上午，霧社公學校操場正在舉行聯合運動會，全體人員正肅立舉行升旗典禮，突然有原住民青年闖入會場，舉刀砍落台中州理蕃課顧問管野政衛的頭，緊接著，埋伏在四周的原住民青年隊一擁而上，將現場日人砍殺一盡。老莫那魯道也引率壯老年隊發難，沿途分襲各警察駐

（上）經過一場廝殺之後，霧社公學校操場上留下一片凌亂。
（左）馬赫坡社的領袖莫那魯道（中）。

被日軍逮捕的一些原住民。

炸，散發傳單勸降，並且利用被俘的莫那魯道的女兒攜酒入岩窟勸降，仍不得結果，竟以飛機投擲國際公禁的毒瓦斯，攻擊原住民反抗軍。日本人甚至採「以蕃制蕃」的手法，利用沒有參加反抗的霧社地區的其他團體Gaya，組成所謂的「味方蕃」奇襲隊，來對付反抗的原住民。最後，莫那魯道眼看大勢已去，遂和親信等十餘人，先擊斃家眷，而後自殺。許多原住民婦女、小孩，也集體自縊身死，有一說，她們的自殺是為了激勵夫婿的戰鬥意志，使他們無後顧之憂。霧社的菁英青年花岡一郎、花岡二郎，也於事件中自殺身亡。他們的遺書中留有「蕃人之公憤，蓋因勞役過多方纔引發此一事件」之語。

在所，襲擊霧社分室、郵政局、警察及教員宿舍、日本商店，並切斷電信電話線，劫收武器彈藥。這一役，日人遇害者132人，受傷215人，台人有2人被誤殺。

日當局聞報，從台北、新竹、台南等地調動大批軍警進攻霧社，原住民反抗軍退入馬赫坡岩窟內。日本軍警以山炮猛轟，飛機轟

霧社事件後，日本人對霧社原住民進行挑撥分化之後，再令其埋石和解。此為和解碑。

此一事件，歷經50餘日始告平息。霧社參加反抗的6社原有人口約1400人，剩下500人。

事平之後，總督府以主謀罪名將6社頭目十餘人處死，其餘族人則被強制遷住羅多夫、西寶二保護蕃收容所。翌年，日警唆使親日的原住民加以突襲，造成200餘人被殺害，是為「第二次霧社事件」，殘餘的200多人，又被總督府強迫移住川中島（今仁愛鄉清流）。這種被外來統治者利用來打擊自己族群的原住民（所謂「味方蕃」），可以說是清代「義民」的山地翻版。

霧社事件的發生，是對總督府的「理蕃」政策的一大衝擊。當時的台灣民眾黨，曾發電給日本拓務大臣、內閣總理大

霧社事件紀念墓園

那魯道的女兒馬紅莫那，在國民黨政府遷台後，被改漢名爲「張秀妹」，因此，1970年內政部明令表揚莫那魯道的褒揚令中有這樣的字句：「查南投縣民莫那奴道（即張老）領導本鄉霧社山胞起義抗敵……」。莫那魯道在天有知的話，一定搞不清楚什麼「黃魂」，更不知道他原來是「張老」。用這套大漢沙文主義的價值觀念來紀念、表揚莫那魯道等人的行動，實在是一大諷刺。

臣，提出強烈批判與要求：「我黨認爲霧社事件係向來恣意榨取及生活上之迫害與駐在警官不正、貪戾、殘忍之處置所激發者。應從速將總督、警務局長、台中州知事以下責任者撤職，並立即保證蕃人之生活，承認其自由，不阻礙其民族發展之政策，尤其宜乘此機會，對向來爲保持官吏威嚴，放任非爲亂暴，警察萬能之積弊，加以徹底的改革。」總督石塚英藏和台中州知事都於翌年元月引咎辭職。

霧社事件的約13年後，太平洋戰爭已經打得如火如荼之際，日本人選擇在霧社事件發生的地點，拍了一部皇民化的宣傳片〈サヨーンの鐘〉（沙鴦之鐘），影片中表現出原住民全體一片忠心耿耿投入「大東亞聖戰」。同一個地點，從實際的霧社事件，到政治宣傳中的沙鴦之鐘，讓人看到了被殖民統治的弱勢者的無奈。

國民黨政府來台後，於1951年在霧社建起莫那魯道紀念墓園。在牌坊上的對聯中出現有：「……永勵黃魂」的字句。莫

【基本參考資料】
◆鄧相揚，《霧社事件》，1998，台北，玉山社。
◆周婉窈，《台灣歷史圖說》，台北，中央研究院台灣史研究所籌備處，1997。
◆戴寶村，〈霧社的抗日英雄莫那魯道〉，收錄於張炎憲等編，《台灣近代名人誌》第5冊，1990，台北，自立報系出版部。
◆古野直也著，許極燉譯，《台灣近代化密史》，1994，高雄，第一出版社。
◆王詩琅，《王詩琅全集》卷4〈霧社事件〉，1979，高雄，德馨室出版社。
◆瓦歷斯・諾幹，〈從川中島的來信〉，1993.2.27，《台灣時報》副刊。

49 嘉南大圳完工

1930年，興工費時10年的嘉南大圳完工。

台灣農業的開發政策，以水利建設為重心。水利建設有階段性的進展，大約在日本領台的前面8年，總督府對於清代已有的埤圳，開始進行調查，並規範其使用；1903年以後到1911年之間（明治的末期），是官設埤圳的時期，此時期對於過去簡陋損壞的埤圳，以較進步的方法和材料（如鋼骨水泥）進行改修；1912年（大正元年）以後，進入水利建設發達的時期，先後完成台中莿仔埤圳、后里圳、高雄獅仔頭圳……等，共計在台進行14處埤圳修築工程。其中，有兩處水利工程的建設規模最大，一為北部的桃園大圳，一為南部的嘉南大圳，對台灣的農業發展，產生重大的影響。以下舉嘉南大圳的例子以茲了解。

（上）嘉南大圳烏山頭排水隧道出口暗渠施工情形。
（下）嘉南大圳水源地工程。

嘉南大圳工程始自1920年9月，到1930年（昭和5年）4月完工，前後約歷10年的時間，費用高達5414萬日圓，其中2674萬圓由總督府補助，其餘由水利組合會員自行負擔。其工程所及範圍，南北長90公里，東西寬20公里，工程內容包括灌溉、排水、防洪、防潮

表一、工程前後收穫量與土地價值比較（單位：圓）

項目	有工程以前		1938年（工程完工的8年後）	
	總價值	每甲價值	總價值	每甲價值
收穫量	14,165,329	90.47	61,889,276	456.09
土地價值	49,031,105	313.00	220,622,400	1,600.00

表二、工程前後總收穫量比較

項目	有工程以前	1938年（工程完工的8年後）	增加倍數
水稻	107,162石	798,047石	6.45倍
甘蔗	1,379,898,838斤	6,197,294,830斤	3.50倍
雜作	6,089,332圓	10,381,985圓	0.70倍

等設施。灌溉面積約達15萬甲，工程區域遍及當時台南州（包括今台南縣市、嘉義縣、雲林縣）的10郡46街庄，居民約為15萬戶、91萬人。珊瑚潭（烏山頭水庫）係貯蓄曾文溪上游支流之一的官佃溪而成，為當時台灣最大的人造湖，堰堤長1273公尺，是亞洲唯一的濕式土堰堤。

嘉南大圳的完工，影響所及，耕地面積和水利灌溉面積均不斷增加，園地水田化、二期稻作的水田增加，稻作產量也當然逐年增加，計達動工前的2至5倍。土地價值及地租隨之上升。嘉南大圳的成效，從表一和表二可以一目了然。

嘉南大圳的規劃總工程師，是來自日本金澤，東京帝大工學部畢業的八田與一，所以嘉南大圳完成後，曾被稱為「八田堰堤」。八田與一在從事烏山頭水庫的規劃之前，曾經有一段相當艱辛的探勘歷程故事，其敬業與奉獻的精神，絕不該因為他是日本人而遭抹煞。八田完成嘉南大圳

之後，曾應中國福建省政府之聘，設計福州水利灌溉工程。1941年太平洋戰爭開始，他奉派赴菲律賓途中，被盟軍飛機炸死。終戰後，其妻八田代樹在烏山頭水庫送水口處投水自殺殉情。如今，嘉南大圳的圳水依舊源源滾滾，但是這段淒美的殉情故事，已經少有人知了。

【基本參考資料】
◆周憲文，《台灣經濟史》，台北，台灣開明書局，1980。
◆東嘉生著，周憲文譯，《台灣經濟史概說》，1985，台北中和，帕米爾書店。
◆吳文星、張勝彥等，《台灣開發史》，1996，台北蘆洲，國立空中大學第14章第2節〈殖民教育與文化〉。

50 日月潭水力發電廠完工

1934年6月3日，日月潭水力發電廠竣工，台灣的電力開發，又進入一個新的里程，對日據後期台灣的工業發展有相當的影響。

台灣早在清據末期，就出現了全清國境內的第一家自辦的電力公司，電燈已經在台北市的街頭亮起。不過，電力開始大規模做為產業生產的動力，應該說是到了日據時代才真正開始。

1903年（明治36年），日本據台的第9年，以地方稅開支，設立台北電氣作業所，利用淡水河支流南勢溪之落差，建立台灣第一座水力發電所—台北深坑的龜山水力發電所，並於1905年8月竣工，開始供電。其後，主要城鎮紛紛個別有公營或民營的中小型發電所的創辦。

1918年（大正7年），總督府計畫建造日月潭開發大規模的發電資源，於1919年7月合併各公民營發電所組成台灣電力株式會社。1919年開始興工，大半的投資經費是從美國募集外債調借來的。工程進行期間，「大姐小姐都趕來，山下的埔里曾經成為不夜城」。1934年（昭和9年）6月第一期工程竣工，開始發電，發電量達10萬瓩。之後，又因電的需要量增加，第二期發電廠工程又動工，於1937年7月完工，發電量4萬5瓩，是當時亞洲最大的發電廠，台灣電力供給邁入新的里程。在終戰之初，台灣一般的發電設備約32萬瓩，其中水力發電為26萬7瓩，而日月潭第一期水力發電量就佔了10萬瓩，可見其重要性。

日據後期，日本以台灣做為其「南進」的基地，過去「工業日本，農業台灣」的政策，到了日據後期有了改變，日本也開始重視台灣的工業

日據時代的日月潭，已是絕美景色。

日月潭水力發電廠施工情形。

發展，因此，電量需求日增。日本對於當時台灣的電力開發，確實投下相當大的心血，以致台灣使用的發電容量，遠遠超過當時的中國，以下這個比較表，可以讓我們一目了然：

台灣與中國使用之發電容量比較

	1936年	1944年
人口比例 （台灣/中國）	1.2/100	2.1/100 （大後方）
發電容量裝置 （台灣/中國）	23/100	442/100

　　如果比較平均每人用電量，台灣人是中國人的幾倍？有如下的數字可供參考：

　　　1932年是11倍

　　　1936年是17倍

　　　1943年是233倍

　　　1945年是50倍

　　電力是近代工業之母，從一個社會發電量，可以反映該社會的工業化程度，也可以看出該社會的物質生活水準。從以上電力的比較，我們不難看出在終戰前台灣與中國兩個社會的落差相當大。台灣正在如火如荼興建日月潭發電廠的時候，中國正在如火如荼進行國共大內戰。

【基本參考資料】

◆林鐘雄，《台灣經濟經驗一百年》，1995，台北，三通圖書公司。

◆林炳炎，《台灣經驗的開端—台灣電力株式會社發展史》，1997，著者印行。

◆古野直也著，許極燉譯，《台灣近代化密史》，1994，高雄，第一出版社。

◆錦繡出版社編輯部，《台灣全記錄》，1990，台北，錦繡出版社。

51 台灣首次地方選舉

1935年11月22日，台灣歷史上首次選舉地方議員，這是台灣人民有史以來第一次行使投票權。

台灣地方行政制度在1920年雖然有了重大的變革（詳見本書第38節〈台灣地方改制〉），但此一新地方制度並未明定州、市、街庄爲法人。當時，日本本土的市長、町村長分別由市會、町村公民選舉，而且他們的縣、市、町村會議員也都民選，擁有諮詢、議決、行政監察等權。但是台灣不僅州知事、市尹、街庄長都是官派，各級協議會的會員，也悉數官派，而且只有諮詢權，所以嚴格來說，距離地方自治還很遙遠。隨著1920年代台灣自治運動的要求，以及其他更激烈的民族運動的刺激，迫使日政當局不得不考慮開放局部的自治權給台灣人。

1935年（昭和10年）4月，台灣總督府正式發布地方制度改革相關的新法令，明訂州、市、街庄爲法人及其公共事務的範圍；擴大自治立法權範圍；廢除州、市協議會，改設州、市會，做爲議決機關（廳、街庄則仍設協議會，維持諮詢機關性質）；確立選舉制度，規定市會議員、街庄協議會會員半數民選，半數由州知事派任；州會議員半數由市會議員及街庄協議會員間接選舉產生，半數由台灣總督府任命，任期4年。此外，州知事、市尹、街長、庄長仍舊官派，並且兼州會、市會、街庄協議會的議長。雖然這次改制仍是不完全的自治，但台灣總算開始產生民選議員。

不過，當時的選舉權資格有相當的限制，須年滿25歲，男子，以及繳納市街庄稅年額5圓以上者才能投票，以致人口比率與有選舉權者不能一致。例如台中市人口，台人與日人比率爲5：1，但有選舉權者日人竟多於台人，日人爲2000多人，台灣人只有1800多人。

1935年11月22日，台灣舉行有史以來的第一次投票。投票前的活動期間，候選人的政見發表可以自由舉行，可以邀請名家演講助選。助選員額及競選費用都有規定，選風相當良好，絕無今日賄選買票、

1935年11月22日，台灣舉行有史以來首次投票。這是台中市民衆投票的情形。

辦流水席宴客的歪風，更無黑道暴力介入，候選人多為地方士紳，絕無今日黑道角頭出馬競選的笑話。根據楊肇嘉的回憶，台灣人民的第一次選舉，確乎是神聖、公正、乾淨的選舉。

　　當時的投票不是用圈選方式，而是在選票上直接書寫被選舉人姓名，只要能辨認即不以廢票論。一些識字不多的選民，在選舉公告後，即努力練習書寫心目中的人選姓名，以免書寫錯誤，被誤判廢票。足見當時人民珍視他們神聖的一票，不把選舉當兒戲。

　　當時「台灣民眾黨」已經被解散，沒有合法的政黨，所以「台灣地方自治聯盟」成為唯一的政治運動團體，因此他們責無旁貸推薦候選人。其推薦的候選人個個都是高學歷的社會精英，參選結果，成績不差：例如台中市推薦4人，當選2名，他們是張深鏢（牙醫）、張風謨（律師）；台南市推薦4人，全部當選，他們是劉子祥（地主）、沈榮（律師）、歐清石（律師）、津川福一（雜誌記者）；嘉義市推選3人，也全數當選，他們是梅獅（醫師）、劉傳來（醫師）、陳福財（醫師）。

　　此次選舉的投票率高達95.9%。當選席次方面，市會部分日人佔51%，台籍佔49%；街庄協議會則因日人居台者較少，僅佔8%，台人佔92%。

　　州議員選舉則於翌年11月22日舉行。

　　1939年11月，又舉辦第二屆的市會及街庄協議會議員選舉。台灣人在日據時代總共有兩次的投票經驗。

1939年，花蓮的梁阿標當選街協議會員，這張選舉事務所人員的留影，可以讓我們想像當時選舉的氣氛。

　　當台灣人民正在體驗第一次投票經驗之際，對岸的中國正在國共內戰的烽火中。對於兵荒馬亂、顛沛流離的中國人來說，投票也許是一件很遙遠的事情。

【基本參考資料】
◆楊肇嘉，《楊肇嘉回憶錄》，1970，台北，三民書局。
◆葉榮鐘等，《台灣民族運動史》，1971，台北，自立晚報社。
◆黃昭堂，《台灣總督府》，1983，日本東京，教育社。
◆吳文星、張勝彥等，《台灣開發史》，1996，台北蘆洲，國立空中大學，第12章〈統治政策與體制〉。

52 皇民奉公會成立

中日戰爭爆發前後，日本開始在台灣推動皇民化運動。1941年成立「皇民奉公會」，要把台灣人徹底同化為日本皇民。

1937年（昭和12年）中日戰爭爆發，此時的台灣人，儘管已經被日本統治了42年，而且經過所謂「同化」政策的浸漬，但日本人仍不放心，他們心目中的台灣人，畢竟還是和中國人（日本當時稱呼「支那人」）同宗同種的人（其實不盡然如此），因此總督府當局難免擔心台灣人在中日戰爭中會對日本倒戈相向，袒護支那（中國），所以必須對台灣人加強「皇國的精神」教育，使成為「忠良的帝國臣民」。因此，中日戰爭爆發後，日本的治台政策進入新的階段，開始推動所謂的「皇民化運動」。

皇民化運動是徹底的思想改造運動，這是「皇民奉公班」的定期開會。

中日戰爭爆發的前一年，日本對台的統治結束文人總督的階段，改派海軍上將小林躋造就任第17任台灣總督。小林標榜「皇民化、工業化、南進基地化」的統治三原則。皇民化運動自此開始。

第18任總督長谷川清於1941年4月19日，和台灣軍司令本間雅晴共同主持，成立了「皇民奉公會」，成為涵蓋上自總督府各機關、下至全台各級地方政府，渾然一體推動皇民化運動的機關。這一運動的實踐要綱有四，其第一項說：「期其皇民精神之透徹。吾人要信仰絕對無上之國體，貫徹尊皇敬神、皇國臣民之榮譽，全島一致，以努力顯揚肇國之大道。」

皇民化運動是日本殖民統治當局對台灣人民的一項洗腦（Indoctrination）運動，「皇民奉公會」則是其洗腦機關，當時全台600萬台灣人都是它的會員。皇民奉公會的組織甚為龐大，編制幾經更改，據1943年的組織系統，是在中央本部之下，依照行政區域系統，5州2廳各置支部，其次11市51郡各設支會，56街209庄各置分會；而市支會下設257個區會；衛生分會下設5404個部落會，最下層則設68334個奉公班，以構成運動的細胞組織。此外，尚有

原住民被動員參拜台灣神社。這個地點，就是現在的台北圓山大飯店。

許許多多的團體，諸如產業奉公團、文學奉公團、愛國婦人會等等，均被納入「皇民奉公」的體系，人人成為「聖戰」的一份子。

當時日本當局網羅台灣各地的社會精英成為皇民奉公會的幹部，除了一向被日本統治當局視為「台灣統治的功勞者」的親日份子（如林熊祥、許丙、陳啓貞、陳啓清等）之外，過去自二〇年代初期即相當活躍的一部份台灣民族運動人士，也被網羅其中。像「台灣議會設置請願運動」的首腦、台灣文化協會的總理林獻堂，被拉出來擔任皇民奉公會參與；曾任文化協會的理事、文協台北支部主任、台灣議會期成同盟會理事、台灣民眾黨顧問的名律師蔡式穀（改名為桂式穀），被派任皇民奉公會中央本部奉公委員暨參事；自「啓發會」、「新民會」起，即投身民族運動、社會運動，歷任《台灣》雜誌、《台灣民報》、《台灣新民報》主導地位的林呈祿（改名叫林貞六），也被派擔任皇民奉公會

生活部長；同樣是《台灣民報》《台灣新民報》的重要創始人之一的羅萬俥，也被任命為皇民奉公會中央本部奉公委員。

皇民化運動的內容包括：宗教與社會風俗的改革、國語運動、改姓名，以及志願兵制度。

在宗教方面：要以日本國家神道，取代殖民地傳統通行的宗教。要求台灣人敬拜日本的「天照大神」，在自家奉祀神宮大麻（由祭祀天照大神的伊勢神宮對外頒布的神符）；大力推動神社參拜活動。小學生被規定每月1、8、15日全校要參拜當地的神社。皇民化運動期間，日本人在台灣建造的神社比原來增加一倍以上（日據時代，全台總共有68個神社，其中38個是在1937年到1943年間蓋的）。1942年10月28日台灣神社（位置在今台北市圓山飯店）舉行大祭，28、29兩天內，參拜者達15萬人，破創建以來的記錄。

此外，塑造天皇的神格形象，讓人民頂禮崇拜，也是一套國家神學。學生的生活規範中，每日到校後，要向天皇肖像行禮。每天朝會升日本國旗後，必須面對皇宮方向遙拜，並遙拜皇大神宮。

不過，皇民化運動雖然是日本人對台灣人的政治洗腦，但並非所有活動都只侷限在「皇道的修鍛」的政治性活動。在皇民奉公會的生活部方面，也有一些社會風俗改造、提升人民生活素質的活動，例如親切運動、微笑運動、禮貌運動……等。

徹底接受皇民化的家庭，不僅是全家操日語的所謂
「國語家庭」，而且也改了日本姓名。

這些運動純屬生活品質及公民道德的範
疇，任何政權來推動，都有其意義，我們
當然不能一味以民族主義情緒來全盤否
定。

在「國語」運動方面：自1910年以
後，日語通稱為「國語」。在皇民化時期，
大量增設「國語講習所」，鼓勵台灣人講
「國語」，以普及日語能力。到了1943年，
台灣人已有80%是所謂的「國語解者」（了

解日語的人）。1937年4月以後，總督府全
面禁止報紙的漢文版。早期師範學校開有
漢文課，此時已不再出現。學生在學校裡
面被要求講「國語」。在一般社會上，獎勵
說「國語」。對於全家大小24小時都用日語
交談（完全放棄自己母語）的知識家庭，
則准予「國語家庭」的優待。要成為「國
語家庭」，必須提出申請，經認可後，日本
官方會在公開儀式中頒發刻有「國語家庭」
字樣的牌子，供其懸掛在住家門口上，以
示「榮貴」。「國語家庭」可以享受許多優
惠（例如小孩較有機會入小學校、中學念
書，公家機關優先任用，食物配給較多…
…等）。1937年到1943年間，台北州（包括
今台北縣市、基隆市、宜蘭縣）共有3448
戶被認定為「國語家庭」。不過，持平而
論，日本當局雖然大力推行日語，但並無
有系統的禁止使用當地母語。

鼓勵台灣人改姓名，也是皇民化運動
的一項重要內容。把漢姓漢名改為日本式
的姓名，無疑地，這是做為「真正的日本

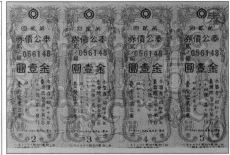

（上）1944年台灣總督府發行的奉公債券。
（左）戰爭中，日本為了籌措戰爭經費，發行
國債。這是彰化郵局職員在推出國債之後的
紀念留影，時間是1942年元旦。

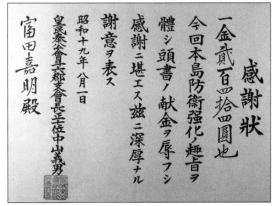
皇民奉公會當局頒發給捐獻者的感謝狀。不知道這個能不能抵稅？

人」的重要形式之一。不過，改姓名是採「許可制」，不具強迫性質，條件不夠，還不能當「真正的日本人」。資料顯示，到了1941年年底，台灣全人口中改姓名的約有1%左右。到了1943年年底，全台灣共有17,526戶改姓名，人數在126,211人，這個數目佔當時人口的2%。

雖說改姓名無強制性，但是對於一些社會精英或與公務有關的人員來說，還是造成環境氣氛上的壓力，所以有許多社會精英，為了順應環境，紛紛改了姓名，例如戴炎輝，改成田井輝雄；林懷民的父親林金生，改名叫牧野雄風；民視記者胡婉玲的祖父胡龍寶，改名叫弘岡靖韋；畫家楊三郎，改名楊佐三郎。連20年代民族運動的要角林呈祿，也改名林貞六（剛好林也是日本姓，貞六與呈祿的日本讀音很接近）；蔡式穀也改名為桂式穀。

皇民化運動的另外一項內容是志願兵制度，將於次節專節介紹。

總之，在皇民化運動下，台灣民眾確實日化不少，尤其是在學校受教育的青少年，他們從日本人編的教科書中，認識日本的文化與歷史，但是卻看不到自己台灣的影子。他們受那套國家神學的制約，扭曲了自身的身分認同。不久，大戰結束，中國的國民政府接管台灣，新的統治者有感於台灣人受日本「奴化」甚深，又開始施加另外一套國家神學，台灣人又要面對一場新的政治洗禮。

【基本參考資料】
◆周婉窈，〈從比較的觀點看台灣與韓國的皇民化運動〉，收錄於張炎憲、戴寶村、李筱峰編《台灣史論文精選》下冊，1996，台北，玉山社。
◆周婉窈，《台灣歷史圖說》1997，台北，中央研究院台灣史研究所籌備處。
◆古野直也著，許極燉譯，《台灣近代化秘史》，1994，高雄，第一出版社。
◆《皇民奉公運動早わかり》，1941，皇民奉公會中央本部編印。

53 日本開始在台募兵、徵兵

太平洋戰爭爆發後，日本開始在台灣實施募兵，繼而開始徵兵，展開台灣人悲慘的戰爭經驗。

　　日本治台以至太平洋戰爭爆發（1941年12月）之前，台灣人都不需要當兵。倒不是日本人對台灣人特別優惠，而是對台灣人不放心。不過，在中日戰爭爆發後，1937年秋天起，日本人已開始在台灣徵用軍伕以擔負軍中雜役。之後，也有部份台灣人被徵調擔任翻譯人員，隨軍派往華中、華南及東南亞，加入日本的戰地工作。

　　日本的所謂「大東亞戰爭」是以南進為方向，東南亞的南島民族，與台灣原住民同種族，因此日本首先動起台灣原住民

已經改日本姓名、參加高砂義勇隊的原住民，「出征」前接受族人送別。

腦筋，徵用山地原住民（日本稱之為「高砂族」），組成「高砂義勇隊」。首先，他們的身分屬「軍屬」，任務是搬運貨物、農耕，以及修築道路的軍伕，主要派往菲律賓、新幾內亞、拉巴島……等地。義勇隊的派遣前後5次，約有2,500名參加。如果再加上以後的募兵、徵兵，至終戰為止，原住民總共被動員投入戰爭的人數，約有2萬多人。當時原住民人口約15萬多人，所以動員的比例不能說不高。

　　太平洋戰爭爆發後，原本不要台灣人當兵的政策開始改變。1942年（昭和17年）4月實施「陸軍特別志願兵制度」，開始向台灣人募兵。1942年第一回募兵時，共有425,921名台灣人應徵，錄取1,020名左右的志願兵，錄取率是1/420，約等於100名男子當中就有14人申請。1943年的志願人數更多，共有601,147人應徵，錄取1,008名，錄取率約1/600。1944年應徵人數759,276人，錄取人數2,497人，錄取率約1/300。「陸軍特別志願兵制度」自開始實施到1945年廢除為止，總計共募得志願兵5,500人。

　　1942年6月，中途島之役日軍大敗，戰況對日本轉趨不利，日本當局因

「海軍特別志願兵」被送入設在高雄的海軍兵志願者訓練所。

沒有自己的國家，不知為誰而戰，為何而戰，台灣人拿這種從軍證要做什麼呢？

兵源缺乏，乃於1943年又實施「海軍特別志願兵制度」。第一回有316,097人申請，錄取3,000訓練生徒。「海軍特別志願兵制度」於1944年7月廢除。至廢除為止，共募得海軍志願兵11,000人。

綜合上述募兵制的實施，共有16,500名台灣青年加入日本軍隊作戰。

從上述申請志願兵的人數來看，當時台灣人響應日本當局的募兵制度似乎相當踴躍。當時台灣人口約600萬，以1944年的例子來看，約每8人（不論男女老幼）就有1人申請當志願兵，如只看20歲到30歲的健康男子，則幾乎每2人就有1人志願當兵。這個（對日本當局來說）「可喜」的現象，也正是1944年9月日本終於決定實施徵兵制的催化劑。當時台灣人真的那麼熱烈響應日本的募兵嗎？這個現象，可以從以下幾個因素來理解：一、在生活困難、謀生日艱、物資缺乏的情況下，從軍是一條生路，吸引許多窮困的台灣子弟去當日本兵；二、地方行政官員以及青年團的鼓舞動員。青年團成立於1920年代，原先功能是對出社會的青年進行再教育，涵養公民道德。戰爭中，青年團成為在地方上動員青年參軍的媒介。而地方官員為了爭取成績，也在地方上鼓吹青年申請參加志願軍。有許多人明知不會被錄取，但為了敷衍應付，也報名申請志願兵。況且，在軍國主義的殖民地大環境下，周遭的氣氛逼使許多人非表態不可；三、受到皇民化教育的洗腦，錯亂自己的身分認同，以為參加志願兵是愛國的表現，是「島民的最高榮譽」。戰爭後期，台灣也出現「血書志願」的風潮，其中不乏這類受日本教育洗腦的「愛國」狂徒。台灣俗話說「乎（給）人掠去賣還替人算錢」，大概指的就是這類人。

1944年中，日本戰況更加吃緊，9月1日索性開始在台灣實施徵兵制。1945年年初，日本在台灣全面徵兵，役齡青年均徵召入伍。至同年8月15日本宣布投降為止，總計台灣人當日本兵的人數有8萬多人，而被徵為軍屬（陸海軍之文官及雇員）、軍伕，更多達126,700多人。另外，在校的青年學生，則必須參加「學徒兵」。為了日本打所謂的「大東亞聖戰」而戰死的台灣軍人及軍屬，總計有3萬多人，至於在盟軍轟

在海外戰死的原住民軍人家屬，永遠等不回他們的親人。

中。據估計，國民黨陸海軍在戰後初期，連騙帶擄一萬多名的台灣青少年到中國大陸去打共產黨。

莫名其妙被國民黨軍隊騙去中國大陸打「共匪」的台灣人，受盡折磨，吃盡苦頭。在嚴厲的「陣地戰時軍律」之下，冒著刀刃似的西伯利亞寒流，轉戰東北、華北，死的死，傷的傷，倖存者幾乎都成爲共軍的俘虜。無奈的是，一些被中共俘虜的台灣人，不久又換上了另外一套軍裝，被收編入共軍，參與「解放戰爭」，甚至有人繼而還被派往北朝鮮，投入「抗美援朝」的韓戰。多少台灣英靈，就這樣莫名其妙地魂斷茫然的戰場上。幸運沒有戰死的，卻淪落在中國的紅色政權下不得返家。最讓他們難過的是「文革」期間遭受的迫害，幾乎百分之九十以上的台籍老兵，在「文革」期間被列爲「反革命份子」「台灣份子」「日本軍閥之餘孽份子」，或被打爲「國民黨特務」「台灣特務」「黑五類」等罪

炸中死傷的台灣人，尚未計算進去。殖民地人民的悲哀，於此可見。

戰爭結束後，日本兵紛紛被遣送回日本，然而，許多流落在南洋、海南島的台籍日軍卻無人照顧，流離顛沛，受盡歧視……

好不容易回到自己的土地，但是歷史的命運之神眞會作弄人，往後台灣人的戰爭經驗還有著更荒唐的情節，讓我們順勢看下來──

終戰後，國民黨政府接管台灣，此時中國大陸上正在進行國共內戰，國民黨爲了增補兵員對付共產黨，也動起台灣人的腦筋，在台灣張貼告示、派人遊說，以甜言美詞、優厚條件，鼓舞台灣青年投入軍

雖然沒有戰死，但是缺腿斷手能夠說是幸運嗎？（出自陳銘城等編，《台灣兵影像故事》，洪坤圳提供）

名，重者坐牢、下放邊疆勞改，輕者交群眾批鬥、侮辱、監視。國民黨開放探親後，在台的外省老兵得以返鄉探親，但是流落中國的台籍老兵，卻礙於國民黨刻板膠著的法令，仍有許多人老眼淚潸潸，望斷歸鄉路，飲恨異地，客死他國。

　　上述台灣人的當兵經驗、戰爭經驗，讓我們聯想起李登輝總統說過的一句話——「做為一個台灣人的悲哀」。許多台籍老兵，歷經太平洋戰爭、「剿匪」戰爭、「解放」戰爭，以及「抗美援朝」戰爭；

　　在日本人偉大的所謂「大東亞聖戰」中，台灣人的命，何其卑微？

　　在國民黨偉大的所謂「反共抗俄大業」中，台灣人的命，何其渺小？

　　在共產黨偉大的所謂「人民解放戰爭」中，台灣人的命，何其低賤？

　　一個人在短短數年之間，一會兒要喊「天皇萬歲」，一會兒要喊「蔣總統萬歲」，一會兒又要改口喊「毛主席萬歲」……，被奴役已夠悲哀，更遑論數度易主的奴隸。台灣人到底為誰而戰？為何而戰？亞細亞的孤兒，難道不能主宰自己的命運嗎？

【基本參考資料】

◆周婉窈，〈從比較的觀點看台灣與韓國的皇民化運動〉，收錄於張炎憲、戴寶村、李筱峰編《台灣史論文精選》下冊，1996，台北，玉山社。

◆周婉窈，《台灣歷史圖說》1997，台北，中央研究院台灣史研究所籌備處。

◆周婉窈主編，《台籍日本兵座談會記錄并相關資料》1997，台北，中央研究院台灣史研究所籌備處。

◆陳銘城等編著，《台灣兵影像故事》，1997，台北，前衛出版社。

◆蔡慧玉編著，吳玲青整理，《走過兩個時代的人—台籍日本兵》，1997，台北，中央研究院台灣史研究所籌備處。

◆古野直也著，許極燉譯，《台灣近代化祕史》，1994，高雄，第一出版社。

54 盟軍空襲台灣

1943年11月25日以後，台灣開始遭受盟軍飛機的空襲。尤其戰爭結束前的1年間，全島各大市鎮頻遭盟機轟炸，台灣人民飽受戰火的蹂躪。

1943年（昭和18年）3月19日，來往於台灣與日本之間最快、最高級的郵輪，8000噸的高千穗丸，被美軍魚雷擊沈，乘客1,500人全部罹難。這說明了台日間的航線已被盟軍控制，台灣的危機已從海上逼近。同年10月19日，總督府公佈「台灣決戰體制加強方案」，要台灣人徹底動員起來。1個月後的11月25日，美軍的飛機終於進入台灣上空，首當其衝的是新竹的日軍基地。新竹的飛機場、鐵路設施，遭受大規模的猛烈轟炸。（無奈的是，正當台灣開始無辜承擔日本帝國主義因發動戰爭所受到的懲罰的兩天後，11月27日，中、英、美三國的三巨頭在開羅會議，無視台灣人民的存在，擅自決定台灣前途。）一個半月後，

在盟軍空襲中，新竹附近多處鐵路設施被毀。

1944年1月11日，美國軍機轟炸高雄、鹽水等地。

太平洋上的戰火，終於延燒到台灣島上了，使得日政當局加緊在台採取應變措施。2月4日，台灣總督府開始配給家庭食用糖。3月6日，總督府又公佈「台灣決戰非常措施要綱」。5月15日，台北市成立挺進隊，誓死保衛台灣。6月下旬組成「台灣國民義勇隊」做為防衛的補助部隊。8月上旬，總督府正式實施「戰場態勢整備要項」，意味台灣已經完全進入戰爭狀態。9月1日，日本政府在台首次實施徵兵制。

1944年10月戰況更是急轉直下，美軍機動部隊首次對沖繩大空襲。兩天後，10月12日，美國航空母艦的飛機於早晨7點開始進入台灣轟炸各大市鎮。美機F6F和TBF所編成的機隊，前後約1,000餘架次，分5梯次空襲高雄、台南、屏東、台東、新竹等航空基地及港灣。10月14日，日機與美機在台灣東海岸空戰。一個月後，11月15日起連續3天，美、日二軍在台海近空發生海空大戰。

時序進入1945年，是台灣南北各大市鎮遭受盟軍轟炸最頻繁又慘重的時刻。1月9日，盟軍大批出動轟炸台灣各地，台灣海

空發生全面決戰，連續17日。同日，台灣總督府開始全台徵兵體檢。2月14日起至19日，連續6天盟軍轟炸台灣各地市鎮。3月3日全台灣中等學校學生被動員組成防衛警備隊，準備對抗美軍登陸。3月9日，日月潭發電廠被美軍炸毀。3月16日，美機大規模轟炸台北市。4月3日，美機猛炸北部地區機場、工廠及火車站，嘉義、花蓮也同遭空襲。4月7日，空襲台南、嘉義、彰化。4月

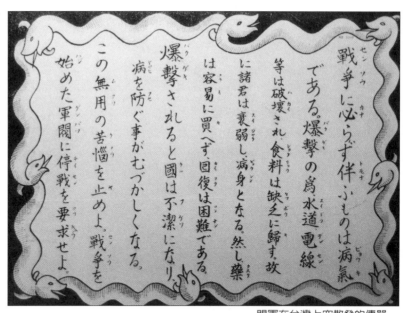

盟軍在台灣上空散發的傳單。

11日，猛炸高雄、台南、新竹。（諷刺的是，5月5日，台灣作家吳濁流完成〈亞細亞的孤兒〉，而「亞細亞的孤兒」——台灣，正在替日本帝國主義發動戰爭的罪行承擔苦難。）5月17日，花蓮、高雄等地各工廠被美軍轟炸機毀滅性的破壞。5月31日，盟軍全島大空襲，台北市區尤其猛烈，市區到處起火，死傷慘重，連總督府也局部受損。6月22日轟炸台灣各地。到了7月，台灣完全陷入盟軍肆意空襲的狀態。

由上所列，可知半年期間盟機有15梯次空襲台灣，而這一期間正是美軍登陸呂宋島、攻略硫磺島，登陸沖繩島的時刻。在整個太平洋戰爭中，台灣雖然倖免於美軍登陸作戰的傷害，不過爲了掩護其在其他地區的登陸作戰，於是空襲台灣以收牽制之效。

在盟機空襲下，台灣人死傷慘重。即使不傷亡，物質與精神也備受損害。許多

台灣人爲了躲避戰火，紛紛「疏開」（疏散）到鄉間去，也因糧食匱乏，魚肉不易入手，過著「配給」的生活。物質需要配給，但精神思想也在日本人「大東亞聖戰」的口號下，全套配給。殖民地人民的苦悶，不是筆墨所能形容的。

【基本參考資料】
◆古野直也著，許極燉譯，《台灣近代化祕史》，1994，高雄，第一出版社。
◆錦繡出版社編輯部，《台灣全記錄》，1990，台北，錦繡出版社。

國家圖書館出版品預行編目資料

台灣史100件大事／李筱峰著 . -- 第一版. --
　　臺北市：玉山社，1999 [民88]
　　冊；　公分. -- (影像・臺灣；31-32)

　　ISBN　957-8246-25-0 (上冊：　平裝). -- ISBN
957-8246-26-9（下冊：平裝）

　　1. 台灣－歷史

　　673.22　　　　　　　　　　　　　　88013879

影像・台灣　31

台灣史100件大事（上）

作　　　者／李筱峰
發　行　人／魏淑貞
出　版　者／玉山社出版事業股份有限公司
　　　　　　台北市忠孝東路一段83號9樓之3
　　　　　　電話／(02) 23951966　　傳眞／(02) 23951955
　　　　　　電子郵件地址／tipi395@ms19.hinet.net
　　　　　　郵撥／18599799 玉山社出版事業股份有限公司

總　經　銷／吳氏圖書有限公司
　　　　　　台北縣中和市中正路788-1號5樓
　　　　　　電話／(02) 32340036 (代表號)

主　　　編／王心瑩
編　　　輯／王曉春、游紫玲
封面設計／大觀視覺顧問
行銷業務／吳俊民
法律顧問／魏千峰律師
排　　　版／鑫上統電腦排版股份有限公司
印　　　刷／中原造像股份有限公司

定價：新台幣390元
第一版一刷：1999年10月　　　　　　第一版二刷：1999年12月